중동, 불의 여정

중동은
붕괴할
것인가

미국과 무슬림 세계의 관계와 무슬림 미국인들에 대한 객관적인 연구에 헌신해 온
'사회정책화합연구소(ISPU)' 연구원들과 직원 여러분께 이 책을 바친다.

WILL THE MIDDLE EAST IMPLODE?

중동은
붕괴할
것인가

중동,
불의 여정

무함마드 아유브 지음 | 신해경 옮김

아마존의나비

중동은 붕괴할 것인가

중동, 불의 여정

WILL THE MIDDLE EAST IMPLODE?

발행일 2016년 7월 5일 초판 1쇄 발행
지은이 무함마드 아유브
옮긴이 신해경
발행인 오성준
발행처 아마존의 나비

주 소 서울특별시 서대문구 연희로 77-12 505호(연희동, 영화빌딩)
전 화 02-3144-3871~2
팩 스 02-3144-3870
이메일 osjun@chaosbook.co.kr
등 록 2014년 11월 19일(제25100-2015-000037호)

디자인 Moon & Park
인 쇄 이산문화사
ISBN 979-11-957857-0-4 03340
정 가 13,000원

아마존의 나비는 카오스북의 임프린트입니다.

한국어판 독자들에게

이 책이 한국어로 번역 출간되어서 기쁩니다. 갈수록 상호의존도가 높아가는 세계에서 한국어 독자들이 분쟁에 시달리는 에너지의 보고 중동을 이해하려는 목표를 가지는 건 중요한 의미가 있다고 생각합니다. 이 책이 여러분의 이해에 도움이 되기를 바랍니다.

2016년 6월 무함마드 아유브

옮긴이 말

우리 시대 최고의 중동 전문가인 무함마드 아유브가 쓴 이 책은 '아랍의 봄' 이후 중동이 겪고 있는 정치적 변화들을 다각도로 살펴보고 문제 해결의 방향을 모색한다. 중동을 움직이는 다양한 주체들과 그들 간의 작용과 반작용의 핵심을 드러냄으로써 저자는 20세기 세계정치의 첨예한 전투장이자 21세기 세계정치의 무덤이 되고 있는 중동을 입체적으로 그려낸다. 이 책의 미덕은 무엇보다 중동의 정치 지형과 그 동역학을 전체적으로 조감하는 동시에 국가별, 주요 사안별로 간략한 역사와 추이, 핵심 의제 등을 살펴볼 수 있도록 한 점이다. 독자들은 이 책만으로도 중동에서 일어나는, 또는 중동과 관련하여 벌어지는 사건들의 배경을 어느 정도 짐작할 수 있게 된다. 복잡다단하기 이를 데 없는 중동의 정치 지형이 이처럼 간명하게 설명될 수 있다는 사실이 놀랍기까지 하다.

지금 전 세계는 시리아와 IS 문제로 요동치고 있다. 지난 4년 반 동안 수많은 사상자와 난민을 만들어내며 최악의 상황으로 치달은 시리아 내전은 IS라는 괴물을 낳으며 중동과 세계를 지금껏 상상치 못했던 정치적 소용돌이 속으로 끌고 갔다. 이슬람 원리주의 '국가'를 표방하는 IS의 무차별적인 테러 행위는 반IS 전선을 구축하고 연일 공습에 나서고 있는 세계 강대국들과 주변 아랍 국가들에 대한 보복처럼 보이지만, 한편으로는 끊임없이 피 묻은 초대장을 날려 이 아수라장에 새로운 참가자들을 끌어들이는 것처럼 보인다. 마치 'IS발 제3차 세계대전'이 벌어질 수 있다는 조심스러운 예측을 요란하게 실현시키고 싶어 몸부림이라도 치는 것처럼. 저자는 이들 이슬람 극단주의 세력들이 실제 중동 정치 지형에서는 주변부를 차지하는 소수일 뿐이며, 이 문제를 해결하기 위해서는 극단주의 세력들에게 입지를 열어주는 국가 실패 및 국가 해체 현상에 주목해야 한다고 주장한다. 또 한편으로는 왜 미국을 비롯한 서구가 이슬람주의 세력들에게 온건하고 합법적인 방식으로는 권력을 잡거나 유지할 수 없다는 교훈을 주고 있는지도 성찰해봐야 한다고 지적한다.

그러나 시리아 내전이 발발한 지 4년 반이 지난 2015년 11월 21일에 유엔 안전보장이사회에서 'IS척결' 결의안이 통과됐다. IS의 파리 테러가 결정적인 역할을 했을 것이다. 문제는 시리아 사태의 해결 없이 IS 문제가 해결될 수 있느냐다. 지난

10월 말에 오스트리아 빈에서 열린 시리아 사태 해결을 위한 제2차 국제 회담에서도 알 아사드 시리아 대통령의 거취를 놓고 미국과 유럽 강대국들, 사우디아라비아 등의 아사드 정권 축출파와 러시아, 이란과 같은 아사드 정권 지지파가 팽팽하게 맞서면서 결론을 내지 못했다. 시리아의 반정부 세력은 사분오열됐고 각국의 정부와 단체들이 저마다의 목적을 가지고 이런저런 세력들을 지지하거나 반대하며 얽혀들었다. 사방에서 무기와 돈과 인력이 흘러들었다. 지난 4년 반 사이에 25만 명의 시리아인이 사망하고 전체 인구의 절반인 1,100만 명이 난민 신세가 되었다. 혼란 속에서 태어나 자랐을 세 살배기 아이 아일란 쿠르디는 지중해를 건너던 난민선이 전복되는 바람에 터키 해안에 엎드린 시신으로 발견되었다.

중동에는 시리아와 IS 말고도 팔레스타인이 있었고 이라크가 있었고 아프가니스탄이 있었고 알카에다가 있었고 총격전과 자살폭탄테러와 과격무장단체와 이슬람이 있었다. 우리가 기억하는 한 중동에는 늘 문제가 있었고 이 문제들은 지금도 여전히 진행 중이다. 그리고 우리는 대체로 강 건너 불구경하듯 중동 문제를 대해왔다. 그래서 중동과 서구가 부딪치는 사건은 기독교 또는 유대교와 이슬람 간 종교 대결 문제로, 중동과 중동이 부딪치는 사건은 수니파와 시아파 간 종파 대결 문제로 대충 해석하고 만다. 이 책의 저자가 무엇보다 경계하는 것이 중동 문제를 종교 갈등으로 몰아가는 해석이다. 종교적 갈등은 중동 문제의 근본적인 갈등 구조에서 파생되는 종속 변수이지 그 자체가 독립적인 변수가 아니다. 이슬람은 불과 한두 세대 전까지만 하더라도 세계 그 어느 종교보다 관용적이고 포용적이었다. 갈등의 원인을 종교에서 찾는 것은 문제의 본질을 흐릴 뿐만 아니라 이성적 해결의 길을 막아버린다.

아랍의 봄은 중동이 가지고 있던 모순들을 고발하는 동시에 변화시켰다. 그처럼 견고해보이던 독재 정권들과 국가 체제가 민주화 봉기가 시작되자 허깨비처럼 허망하게 부서져 내렸다. 국가 실패가 현실화되자 안전과 보호를 구하는 인민들은 종교적 정체성에 몸을 의탁하게 됐고, 이슬람주의 정치 집단들이 그 정치적 공백을 메웠다. 우리는 그저 아랍의 봄에 환호했지만, 지금 중동은 아랍이 봄이 일으킨 파도에 휩쓸려 난파할 참이다. 중동에 그처럼 오래 독재 정권들이 건재할 수 있었던 이유는 무엇일까? 또 그처럼 순식간에 국가가 해체되기 시작한 이유는 무엇일까? 세계 강대국들은 어떤 맥락에서 이처럼 복잡하게 중동의 여러 문제에 얽혀드는 걸까? 이스라엘과 팔레스타인 간 끝나지 않는 비극의 근본적인 해결방안은 무엇일까? 무엇보다 중동 인민들이 바라는 바는 무엇일까? 이 책은 우리에게 정말 익숙하지 않은, 그러나 정말로 중요한 이러한 물음들에 답하는 책이다.

한국사회는 IS의 충격적인 파리 테러 사건에서도 다른 이들이 어떻게 반응하는지에만 관심을 가질 뿐 문제를 근본적으로 들여다보려는 의지는 보여주지 않았다. 우리는 이렇게 중동 문제에 무지하고 무관심해도 되는 것일까? 비단 우리 삶을 가능케 하는 석유 문명 자체가 이 지역의 운명과 아주 밀접하게 관계돼 있어서 하는 말이 아니다. 이처럼 오랫동안 계속되는 동시대인들의 비극과 고통을 우리는 왜 이렇게 모른 체하는 것일까. '이슬람은 미개하고 폭력적'이라는 이슬람 혐오가 어떤 문제에도 도움이 되지 않는다는 사실은 명백하다. 이슬람 극단주의를 외세의 간섭과 폭력에 저항하는 반제국주의 운동으로만 보는 피상적인 시선도 문제 해결에 도움이 안 되기는 마찬가지다. 우리가 세계인이라면, 세계인이 되고 싶다면 우리는 냉소나 혐오나 동정이 아니라 다른 세계인들과 연대의식을 가지고 진지하게 머리를 맞대고 해결 방안을 고민해야 한다. 비록 그 미래가 결코 낙관적이지 않다 하더라도 말이다. 이 책이 그 고민의 시작점이 되기를 바라마지 않는다.

"

저자는 한국어 독자들이 가장 최근의 중동 현황을 개괄하면서
저자의 핵심적인 주장들을 일목요연하게 확인할 수 있도록, 독일의 유서 깊은
중동 전문 학술계간지인 《오리엔트》 2015년 겨울호에 실린 저자의 최근
소논문 〈중동의 분쟁 구조를 해명하다〉를 한국어판에 싣는 방안을 제안하였다.
논문은 이 책의 뒷부분에 부록으로 번역 게재하였다.
한국어 독자들을 배려해 손수 저작권 협의까지 도맡아준 저자와
흔쾌히 번역 전재를 허락해 준 독일 《오리엔트》 측에 감사의 뜻을 전한다.

"

감사의 말

이 책을 처음 착안한 사람은 폴리티 출판사의 수석 편집자 루이즈 나이트였다. 그녀는 내게 이 제안을 진지하게 고려해보라 권하면서 동시에 이 책을 쓰겠다는 계약서를 내밀었다. 그녀가 없었다면 이 책은 절대 쓰이지 않았을 것이다. 저스틴 아이어는 기록적인 시간 안에 원고를 편집하는 놀라운 일을 해냈다. 그는 이 책이 다루는 주제들과 밀접한 관련이 있어 보이는 중동의 사건사고들을 끊임없이 물어보는 등 단순한 업무의 차원을 뛰어넘는 열정을 보여주었다. 나는 루이즈가 나에게 보내준 신뢰와 원고를 다루는 저스틴의 뛰어난 솜씨에 감사한다. 나는 또 매우 값진 논평을 해준 덕분에 이 책이 다루는 몇몇 주제들에 대해 더욱 심사숙고하고 주장을 정제하는 한편, 결론 부분을 더 날카롭게 벼릴 수 있게 해준 두명의 익명 검토자들에게 감사한다. 또한 너그럽게 이 책을 지지해준 학자들께도 감사 인사를 보낸다.

나는 이 책을 사회정책화합연구소ISPU의 연구원들과 직원들에게 헌정한다. 사회정책화합연구소는 워싱턴 D.C와 미시간에서 운영되는 초당파적인 독립 두뇌 집단이다. 이곳은 정계와 언론, 학계에 무슬림 미국인과 전 세계 무슬림 공동체들, 특히 중동과 남아시아에 있는 주요 무슬림 국가들과 미국 관계에 관해 신뢰도 높은 정보와 분석 자료를 제공할 수 있는 곳으로 성장했다. 나는 지난 10여 년 ISPU에서 비상근 연구원으로 일하는 동안 ISPU가 베풀어 준 풍성한 지적 생활에 감사한다.

무함마드 아유브

중동,
불의 여정
_중동은 붕괴할 것인가

차 례

제1장

**아랍의 봄
이후**

시리아 내전은 걷잡을 수 없이 확대되기만 하고, 리비아의 치안 상황은 더욱 악화되었으며, 예멘에서는 분리주의 위협이 격화되고, 이집트에서는 국민이 선출한 정부가 군사 쿠데타에 무너졌으니, 아랍의 봄이 남긴 유산이 무엇인지를 놓고 첨예한 논쟁이 벌어지는 것도 놀라운 일이 아니다. 아랍의 봄은 결국 환멸로 이어질 게 뻔한 환상에 불과했던가? 아니면 그 봉기들은 정말로 더 나은 시대를 알리는 전조였던 걸까? 아직도 운동 초기의 불꽃이 어느 정도는 남아서 분석가들 중에는 아랍 세계의 장기적인 미래에 대해 낙관적인 의견을 펼치는 사람도 있지만, 지금까지 봤을 때는 여러 증거들이 첫 번째 해석에 힘을 실어주는 것 같다. 그러나 이런 논의들도 정작 아랍 봉기들이 가진 진짜 중요한 의미는 놓치고 있다. 아랍의 봄이 중동 안팎의 주체들이 중동에 대해 가지고 있던 계획들을 전복시키며 중동 정치에 엄청난 규모의 불확실성을 야기했고, 이미 불안한 이 지역을 고도로 유동적이고 폭발 가능성이 높은 상태로 이끌었다는 사실 말이다.

무엇보다 아랍 봉기들은 중동에도 변화가 일어날 수 있고, 그것도 깜짝 놀랄만한 속도로 일어날 수 있다는 교훈을 충분히 납득시켜 주었다. 시리아나 바레인, 또는 최근에 정권이 전복된 이집트 같은 국가들에서 볼 수 있는 것처럼, 아랍 봉기가 촉발한 강력한 반발 작용들은 변화를 요구하는 세력들이 얻은 초기의 성과들을 효과적으로 무력화하는 데 기존 지배세력들이 얼마나 뛰어난 역량을 갖추고 있는지도 웅변적으로 보여주었다. 2010년 이래로 계속해서 볼 수 있는 이런 혁명과 반혁명의 변증법은 이 지역이 이미 겪고 있던 기존 문제들과 결합되어 중동을 더욱 불안정하게 만들 수 있을 뿐만 아니라 심지어 붕괴로 몰고 갈 가능성마저 가지고 있다.

이 지역에서 정권교체를 지지하는 이들이 최근에 직면하게 된 역행 현상에도 불구하고 중동, 특히 그중에서도 수십 년 동안 편협하고 시대에 뒤떨어진 모습을 보여 온 아랍 지역은 지금 전례가 없을 정도로 자극돼 있다. 저마다 분리된 국가적 맥락 속에서 일어났지만 어느 한 아랍 국가에서 일어난 봉기는 이웃 국가에 유사한 봉기들을 일으키는 촉매제로 작용하면서 튀니지에서 시작하여 바레인에 이르기까지 연쇄 반응처럼 펼쳐졌다. 봉기가 일어나는 이런 형태를 보면 국경을 뛰어넘는 모종의 아랍 '체제'가 존재한다는 사실이 분명히 드러나는데, 이 체제는 언어적 유사성과 함께 전자매체가 됐든 인쇄매체가 됐든 아랍어를 쓰는 언론에 공통으로 접근할 수 있다는 특성에 기반을 두고 있다. 이런 현상은 아랍 민족주의의 깃발 아래 국가들을 가르는 국경을 뛰어넘어 아랍 세계를 통일시키려 했던 예전의 시도들과는 아주 다르다.

지금의 봉기들은 아랍 대중 사이에 존재하는 동질성과 공감대를 인정하면서도 정치적으로 아랍 세계를 나누고 있는 국경과 현존 독립국들의 정당성도 인정한다. 아랍의 봄 깃발을 높이 들고 아랍 세계를 통일하려는 시도는 없었다. 사실은 튀니지의 봄, 이집트의 봄, 리비아의 봄 등등, 여러 개의 불연속적인 봄들이 있었을 뿐이다. 예컨대 시리아 같은 곳에서 볼 수 있는 것처럼 봉기 때문에 현존하는 아랍 국가의 영토적 결속이 해체될 위험에 처했다고 하다면, 그건 정권교체와 새로운 국가질서 수립 과정에서 자신이 손해를 볼 것 같다고 판단한 특정 국민 구성원들의 활동 때문이다.

자잘한 부분들을 떼놓더라도, 정권의 성격이 됐든 사회 내부적 균형이 됐든 국가들 간 관계가 됐든 간에, 더 이상 중동이 변하지 않는다고 여겨서는 안 된다는 점은 분명하다. 게다가 정권과 사회, 국가 간 관계에서 볼 때 세 영역은 상호 영향력 면에서 면역력이 매우 약하기 때문에 어느 한 영역에서 일어나는 변화나 변화가능성은 다른 영역에도 마찬가지로 커다란 충격을 줄 수 있다.

지금 중동이 직면하고 있는 주요 문제들의 맥락 안에서 아랍의 봄을 분석하는 것이 중요한 이유가 이 때문이다. 특히 아랍 봉기들이 가져온 불확실성이 이들 문제 영역에서 주요한 변화를 일으키는 동인이 될 수 있고, 그런 문제들 중 일부는 동시에 끓어오를 수 있기 때문에 더욱 그렇다. 중동의 주요 문제들이 어떻게 상호 관련되어 있고 어떻게 중첩되어 있는지를 고려한다면, 아랍 봉기가 가져온 불확실성이 이 문제들에 연쇄 반응을 일으켜 대규모 폭발이나 작은 규모의 연쇄 폭발을 일으켜 중동 지역 대부분을 초토화시킬 가능성이 커 보인다. 이런 도미노 효과는 시리아와 이라크와 같이 전략적으로 중요한 국가들을 국가실패와 종파 전쟁으로 이끌어 지역 전체에 영향을 줄 수 있다. 이라크의 경우는 미국의 점령과 그에 따른 심한 후유증 때문에 이미 불안정해져 있기도 하다. 또 가장 큰 아랍 국가인 이집트 경우처럼, 새로 등장하는 정치 질서의 성격을 놓고 시민사회가 분열하여 타협할 수 없는 균열을 일으키며 대립할 수도 있다. 국가 간 분쟁도 이어질 듯하다. 예를 들자면 이 지역에서 핵 독점을 고집하는 이스라엘과 군사적 의도를 숨기고 있다는 의심을 받으면서 핵 능력 강화를 꾀하는 이란 간 분쟁이 있다.

이런 시나리오들은 모두 지역 분쟁에 외세를 끌어들이고 지역 분쟁을 주요한 국제적 안보 사안으로 바꿔놓을 가능성을 가지고 있다. 이란 핵 프로그램과 시리아 내전에서 보듯이 일부는 이미 벌어지고 있는 중이다. 중동, 특히 페르시아 만 지역에 전 세계 석유 매장량의 60%와 천연가스 매장량의 40%가 집중돼 있다는 사실은 상황을 더 일촉즉발 상태로 만든다. 늘 에너지에 굶주려 있는 세계가 선진국과 개발도상국 경제의 성패를 이 불안한 지역의 분쟁과 질서에 밀접하게 연관시키고 있기 때문이다.

오늘날 이 지역에서 격변을 일으킬 수 있을 만한 다섯 가지 주요 요소는 다음과 같다. (1) 정치적 이슬람의 역할 증대와 이슬람주의에 대항하는 반발, (2) 계속되는 이스라엘 – 팔레스타인 분쟁과 갈수록 증가하는 분쟁의 제로섬적 성격, (3) 이란의 핵능력 추구와 중동에서 핵을 독점하려는 이스라엘에 대한 잠재적 도전, 그리고 이란의 핵시설에 대한 이스라엘 – 미국의 군사 작전 위협, (4) 시리아 내전에 대한 입장에서 명백하게 드러나는 지역 강대국들, 특히 이란과 사우디아라비아와 터키 사이에 높아가는 대결 분위기, (5) 미국의 이라크 침공과 점령에서 분명하게 나타나는, 지역적인 돌발 상황을 전 지구적 대결 국면으로 바꿔놓을 수 있는 최강대국의 이해관계와 개입 등이다. 앞으로 보게 되겠지만, 아랍 봉기가 야기한 불확실성은 이들 몇몇 사안들에 영향을 미쳐 불씨로 존재했던 분쟁 가능성을 크게 강화시켰다.

세계는 이런 문제들 중 몇몇에는 이미 익숙하다(또는 최근까지 그렇게 생각했다). 이스라엘과 팔레스타인의 막다른 대치와 끝날 줄 모르는 페르시아 만 석유 자원에 대한 접근권 논란은 지난 몇 십 년 동안 지속됐던 분쟁의 익숙한 이유였다. 테헤란이 핵능력 강화 프로그램을 포기해야 한다고 주장하는 이스라엘과 이란의 대치 상황과 정치적 이슬람의 부활은 상대적으로 새로운 현상이긴 하지만, 이 역시 지난 몇 년 동안 국제사회가 대응하려고 애써왔던 문제다. 반면에 다른 문제들, 그중에서도 특히 아랍의 봄이 직접적으로 이끌어냈다고도 할 수 있는 국가실패 내지는 국가쇠퇴 가능성에 관련된 문제들은, 2003년 미국의 침공에 이어 이라크 국가가 거의 완전히 붕괴한 전조가 있긴 했지만 상대적으로 아주 새로운 문제들이었고, 국제사회는 여전히 이에 대처할 방안을 찾기 위해 고투하고 있다. 아랍 봉기의 결과로 지역적 대결 구도가 극적으로 부상한 현상은 시리아 내전의 내막을 들여다보면 가장 극명하게 드러나는데, 이 문제 역시 방심하고 있던 국제 사회의 허점을 찌르며 불안정한 이 지역에 분쟁과 불안이 더 심화될 전망을 높였다.

그러나 이스라엘 – 팔레스타인 관계나 이란 핵 프로그램과 같이 오래된 사안들조차도 새로운 양상을 띠는데, 일부는 국제적이고 일부는 지역적인 여러 가지 이유로 인해 지금 이 문제들이 중대한 국면을 맞고 있기 때문이다. 민주화 과정에 있는(또는 2013년 7월 이집트 군사쿠데타 이전까지는 그렇게 보이던) 중동에서 자신의 미래 입지가 어떻게 될지 그 어느 때보다 신경이 곤두서 있는 이스라엘은 갈수록 그 편집증의 초점을 이란의 핵 강화 프로그램에 맞춰왔다. 의견을 달리하는 사람도 있겠지만, 이런 전략은 점령하에 있는 팔레스타인인들의 처지와 팔레스타인 영토를 계속해서 유대인 식민지화하는 자신의 행보로부터 국제사회의 관심을 돌리려는 손쉬운 책

략이기도 하다. 이스라엘 지도자들은 이란이 핵무기를 제조할
수 있는 기술적 능력을 획득함으로써 자신들이 그어 놓은 '금지
선'을 넘으려 하고 있으며, 필요하다면 전쟁을 통해서라도 중단
시킬 필요가 있다고 갈수록 목소리를 높이며 주장해왔다.

이 사안에 대한 미국의 입장은 당사자인 이스라엘의 입장
과는 미묘한 차이가 있긴 하지만 기본적으로는 이스라엘의
주장을 지지하고 있으며, 이 때문에 워싱턴은 테헤란과 중동
뿐만 아니라 전 세계 무슬림들의 여론과 불화하는(물론 사우
디아라비아 같은 무슬림 정권들과는 딱히 그런 것 같지 않지
만) 처지에 놓이게 되었다. 이스라엘 또는 이스라엘-미국이
이란 핵시설을 공격하는 사태가 벌어진다면 이 지역과 세계
경제에 광범위한 충격을 줄 뿐더러 미국에 대한 무슬림들의
적개심을 강화하고 에너지 가격을 극적으로 상승시켜 갈수록
취약해지는 국제체제의 정치적 균형뿐만 아니라 경제적 균형
도 약화시킬 것으로 보인다.[1]

아랍의 봄은 중동 상황을 고발하는 동시에 바꿔왔고, 이스
라엘의 점령과 식민지화에 맞선 팔레스타인 저항에 새로운

---

1 미국의 기존 관점에서 본 이란 핵시설에 대한 군사적 행동의 득실을 균형 잡힌 시각
으로 분석한 자료를 '이란 프로젝트'에서 2012년 9월에 내놓은 〈이란에 대한 군사행동의 득
실 평가〉에서 볼 수 있다. http://www.scribd.com/doc/106806148/IranReport-092412-
Final#fullscreen (2013년 8월 23일 접속).

생명을 불어넣어 이 지역에 새로운 국지전이 터지기 전에 분쟁을 해결할 수 있는 빠르고도 적절한 해법을 찾아야 할 필요성을 되살렸다. 아랍의 봄 정신은 점령당한 팔레스타인에도 닿게 마련이고(아마도 제3차 인티파다* 형태로), 그리고 사실대로 말하자면, 일부가 주장하는 것처럼 조만간, 늦기보다는 이르게, 이스라엘에 거주하는 아랍 인구에게도 닿기 마련이다. 표면적으로는 '두 국가 해법'**을 추구하면서도 요르단 강

★ 인티파다(انتفاضة)는 이스라엘에 대한 팔레스타인 민족의 대봉기를 일컫는 말로 1987년에 가자 지구 난민 캠프에서 4명의 팔레스타인 청년이 이스라엘군의 트럭에 깔려 사망한 사건을 계기로 제1차 인티파다가 발생했다. 제1차 인티파다의 결과로 팔레스타인해방기구는 팔레스타인민족평의회를 개최하여 이스라엘의 존재를 인정하는 대신 요르단 강 서안 지구와 가자 지구, 동예루살렘으로 구성되는 팔레스타인 국가를 수립하기로 결정했고 미국도 팔레스타인해방기구와 처음으로 대화를 개시하며 이런 정책 전환을 반겼다. 팔레스타인 잠정자치 종료를 앞두고 개최된 미국-이스라엘-팔레스타인 삼자 간 회담에서 팔레스타인 국가의 비무장화와 영토 축소 등 팔레스타인이 불리한 조건이 제시되어 협상이 결렬되었다. 이에 불만을 품은 샤론 당시 이스라엘 총리가 예루살렘에 있는 이슬람교 성지에 무장군인을 대동하고 침입하자 2000년 9월에 제2차 인티파다가 일어났다. 이스라엘은 팔레스타인 자치지역을 재점령하고 아라파트 집무실을 포위하는 등 준전쟁 태세로 강경 대응했다. 제2차 인티파다로 인해 팔레스타인 자치정부는 기능을 거의 상실하였고 하마스 등 급진주의 단체들이 영향력을 키웠다. 2015년 10월 현재 계속되는 이스라엘의 팔레스타인 공격과 유대 식민지화에 반대하여 제3차 인티파다가 일어날 것이라는 전망이 곳곳에서 나오고 있다. - 옮긴이

★★ 두 국가 해법(two state solution)은 오랫동안 이스라엘-팔레스타인 문제의 해법으로 거론된 일종의 절충안으로서 1993년 오슬로 협정에서 공식적으로 제시됐다. 이스라엘과 팔레스타인이 각각 독립 국가를 건설하고 상호 주권 인정을 바탕으로 공존을 꾀하자는 계획이지만 이스라엘과 팔레스타인 양쪽에서 비판을 받았다. 이스라엘은 계속해서 팔레스타인 점령과 식민지화를 강행하고 있으며, 두 국가 해법을 받아들이기로 했던 팔레스타인 측은 이스라엘의 도발로 두 국가 해법이 폐기되었다고 주장한다. - 옮긴이

서안 지구를 식민지화하는 이스라엘 정책은 이스라엘-팔레스타인 분쟁을 해결할 수 없는 모순 속으로 밀어 넣었고, 그 모순은 이스라엘 정치 형태 자체에 커다란 중요성을 가진다. 지속적으로 유대인 정착지를 건설하는 것으로도 모자라 요르단 강 서안 지구의 60%를 합병할 것을 주장하고, 그와 동시에 팔레스타인의 독립국 지위가 '막다른 골목'에 처했다고 선언하는 현 이스라엘 정부 요직 인사들의 극도로 완고한 태도는 제3차 인티파다를 거의 필연적인 것으로 만든다.[2]

아랍의 봄은 또 정치적 이슬람의 긍정적인 면과 부정적인 면을 극명하게 보여주는 주역들이 등장함에 따라 중동 민주화에 정치적 이슬람이 어떤 역할을 할 것인가에 대한 논쟁에 다시 불을 지폈다. 튀니지와 이집트에서처럼 이슬람주의 정당들은 가장 잘 정비된 정치조직체들이었고, 그래서 단독으로나 아니면 반독재 기조에 동의하는 다른 조직들과의 연합을 통해 권력에 다가갈 수 있었던 것이다. 보다 낙관적인 시각을 가진 평론가들은 튀니지의 엔나흐다와 이집트의 무슬림

---

2 〈이스라엘 경제부장관 나프탈리 베네트, "팔레스타인의 독립국가 지위는 '막다른 골목'에 처했다"〉, 《허핑턴포스트》, 2013년 6월 17일자. http://www.huffingtonpost.com/2013/06/17/naftali-bennet-palestinian-state_n_3453048.html (2013년 8월 23일 접속).

형제단, 모로코의 정의발전당PJD과 같은 주류 이슬람주의 운동단체와 정당들이 열성적으로 민주적 절차를 포용했다는 사실을 아주 긍정적인 발전이라 여긴다. 그러나 좀 더 비판적인 관찰자들은 이슬람주의 정당들이 거둔 인상적인 선거 결과들이 아랍 사회들에게는 퇴행적인 의미를 가질 것이며 아랍 세계와 서구의 관계에도 상당히 부정적인 결과를 미칠 것이라고 주장한다.[3] 이 논쟁에서 어느 입장을 지지하든 간에 이슬람주의 운동단체가 집권당으로 변신하는 사건이 이 지역에 주요한 의미를 가질 것이라는 점은 명백하다. 2013년 7월에 이집트에서 있었던 일처럼 무력으로 이들 정당들을 권력에서 축출하는 사태는 중동 민주주의의 미래나 이슬람 근대화의 미래에 더욱 암울한 결과를 가져올 것으로 보인다.

아랍의 봄은 이 지역 국가마다 다른 결과를 가져왔고 앞으로도 그럴 것이다. 최근까지도 튀니지의 정권교체가 어느 정도 매끄럽게 진행된 것처럼 보였지만 대체로 보자면 완고한 세속주의 진영의 반대와 튀니지 통치 조직체에 참가하는 살

3 아랍 봉기들의 결과로서 이슬람 정당들이 권력을 잡게 된 상황에 대한 찬반 논쟁에 대해서는 마리나 오타웨이와 마르완 무아셰르의 《권력을 쥔 이슬람주의 정당들-진행 중인 과업》, 세계평화를 위한 카네기기부재단, 2012년 5월 23일. http://carnegieendowment. org/2012/05/23/islamist-parties-in-power-work-inprogress/aw7x (2013년 8월 23일 접속).

라피주의자*들의 극단주의 성향 때문에 커다란 장벽들에 부딪혔다. 이집트의 정권교체는 내부적으로도 깊은 균열들을 만들어냈을 뿐만 아니라 이 나라에서 처음으로 선출된 대통령을 축출한 군사쿠데타 형태의 반혁명을 불러와 줄잡아 천여 명이나 되는 무르시 정권 지지자들에 대한 학살로 이어졌다. 쿠데타와 그 후유증은 아랍 국가 중 가장 인구가 많은 이 나라가 상당히 오랜 기간 동안 상당히 높은 수준의 불안과 사회적 분열을 겪을 것 같다는 신호를 보여주었다.

아랍의 봄은 낡은 질서를 무너뜨리는 것보다 새로운 질서를 세우는 것이 훨씬 어렵다는 사실을 명백히 보여주었다. 리비아는 거의 무정부상태로 떨어졌다가 명민한 지도부 덕에 적어도 일시적으로는 거기서 벗어났다. 그러나 리비아의 정권교체에 알제리와 말리와 같은 이웃 국가들이 자극받을 경우, 고도로 불안정해질 수 있다. 시리아는 리비아와 같은 운

★ 살라피주의는 선지자 무함마드가 살고 있던 이슬람 최초창기 당시의 관습과 전통을 현대에 재현하고자 하는 종교 운동으로 사우디아라비아의 국교라고 할 수 있는 와하비주의를 모태로 삼고 있다. 정교분리 원칙에 따라 정치에 관여하지 않았으나 1991년 걸프 전쟁 이후 친미적인 사우디 정부의 태도에 불만을 느낀 일부가 급진주의로 선호하여 알카에다와 연계되었고, 쿠웨이트 등 주변 국가에서도 현실정치에 참여하려는 움직임이 시작됐다. 아랍의 봄으로 이집트에서 무바라크 정권이 퇴진한 때부터 본격적으로 중동 정치무대에 등장했으나 정책적, 이념적 지향은 살라피주의 안에서도 매우 다양하게 갈라진다. ‒ 옮긴이

이 없었다. 아사드 정권이 무너지면 시리아는 부족과 종파에 기반을 둔 소국들로 갈라져 서로 끊임없는 분쟁을 벌일 가능성이 농후하다. 시리아 내부의 갈등이 특히 종파 간 관계 측면에서 똑같이 종파 간 분리가 뚜렷한 이웃 레바논과 이라크에 어마어마한 부정적인 영향을 주고 있으며 비옥한 초승달 지역을 끊임없는 분쟁 지역으로 변화시키고 있음이 이미 명백해지고 있다.

따라서 앞으로 우리는 이들 중동 분쟁의 원인들 모두가, 최소한 원인들 대부분이 서로 내적으로 연관되어 있으며, 아랍 봉기들은 이들 원인들을 더욱 밀접하게 묶어주는 역할을 수행했을 뿐임을 보게 될 것이다. 이처럼 상호 연관된 다양한 형태의 분쟁들이 서로를 부추기면서 결과적으로 전체 지역을 붕괴에 더 가까이 몰아가고 있다. 현명한 정치와 창의적인 외교가 붕괴의 경계에 선 중동을 다시 불러들일 수 있을지는 여전히 두고 봐야 할 문제다.

제 2 장

**이슬람주의의
도전**

이슬람주의와 이슬람주의자라는 용어는 드러내는 것만큼이나 숨기는 것도 많은 개괄적이고 포괄적인 용어다. 가장 일반적인 수준에서 말하는 이슬람주의는 무슬림 인구가 우세한 국가들의 헌법 골격과 정책들을 어떤 형태로든 이슬람이 인도해야 한다고 주장하는 모호한 정치 이념을 지칭한다. 20세기에 구체화된 이슬람주의 정당과 운동은 무슬림 사회들이 대체로 약자의 위치에서 서구와 상호 작용했던 역사의 결과물이었다. 이슬람주의는 유럽 강대국들의 지배를 받기에 이른 무슬림 사회의 병이 무엇인지 진단하며 이슬람 사회, 특히 그중에서도 엘리트들이 이슬람의 기본적인 행동 규범을 지키지 않는 것을 지적했고, 이슬람 사회의 약점이 바로이 근본적인 결점에서 야기된 결과라고 판단했다. 그들은 자신들 나라의 정치적 삶 속에 이슬람의 행동 규범을 다시 도입할 수만 있다면 무슬림 사회가 이전의 힘과 영광스러운 위치를 되찾을 수 있을 거라는 처방을 내렸다. 그러므로 이슬람주의 운동은 근대화에 대한 반응인 동시에 그 자체가 근대화의 산물이었다.

그러나 정치적, 사회적으로 분열된 무슬림 세계의 성격을 고려했을 때 이슬람주의 운동은 일어난 바로 그 자리에서 자신을 태동시킨 사회적, 정치적 맥락의 포로가 되기 마련이다. 운동단체나 조직마다 상이한 지도 방식과 지적 확신도 이슬람주의 운동에 다양성을 더했다. 그 결과 이슬람주의 운동과 그 영향력이란 결국 매우 다양한 정치적 신념들을 포괄하며 정치적 삶에 이슬람을 결합하는 것이 여러 가지 측면에서 얼마나 타당한지 알려주는 일반적인 이슬람 격언들을 해석하는 정도에 그치게 되었다. 이런 다양성은 이슬람주의 단체와 정당들이 각자의 국가적 맥락에 조응하는 데 도움이 됐지만 한편으로는 이슬람주의 단일조직의 신화를 깨버리는 역할을 했다.[4]

이처럼 광범위한 이슬람주의 정당과 단체들 중에는 튀니지의 엔나흐다(르네상스)와 이집트의 무슬림형제단이나 다른 아랍 국가들에 존재하는 무슬림형제단 분파들과 같은 주류 정치 정당들도 포함된다. 이 정당들은 이슬람주의 이후의 사

---

4 이 장 맨 앞 두 단락에서 다룬 주장은 내 다른 저서인 《정치적 이슬람의 여러 얼굴들—무슬림 세계의 종교와 정치》(미시간주립대 출판부, 2008년) 1장과 2장에서 상세하게 다루고 있다.

촌인 터키 정의개발당AKP처럼 기본적으로 이슬람교에서 영감을 받은 정치조직으로서 주요 목적은 폭넓은 동맹 체제를 구축하여 권력을 잡은 다음 국가적 기능에 이슬람의 사회적 가치들을 불어넣는 것이다. 무슬림형제단처럼 이들 중 일부가 샤리아* 도입을 원칙으로 천명하고 있지만, 샤리아 도입 목표를 실현 가능성이 모호한 장기 목표로 전환하는 정도의 타협을 할 의사는 충분하다. 터키 정의개발당 같은 정당들은 샤리아 도입 목표를 공개적으로 완전 폐기하고 '이슬람의 사회적 규범을 보존하는 세속국가'라는 가치를 옹호하겠다고 약속했다. 튀니지의 엔나흐다도 유사한 방향으로 움직이고 있는 듯하다.

이슬람주의 운동세력에는 이슬람판 청교도 또는 기독교 세계로 치자면 근본주의자에 해당하는 살라피주의자도 포함되는데, 이들은 경건한 무슬림 첫 세대인 '살라프 알 살리흐(고결한 조상들)'의 삶에 기초하여 작성된 모범적인 이슬람 행동 규범을 글자 그대로 해석하여 이에 자신들의 행동을 엄격하

★ 샤리아(شريعة)는 이슬람의 율법이자 규범체계로서 이슬람 헌법이라고도 불린다. 이슬람 경전인 쿠란과 선지자의 말씀을 기록한 하디스에 나오는 규칙과 원리들을 바탕으로 율법이 정리되고 판례가 추가되어 샤리아를 구성했다. 신이 정해준 계시법으로서 종교적 의무와 개인생활과 사회생활, 상업, 형벌 등에 이르기까지 개인적, 사회적 삶의 거의 모든 부분을 규정하고 있다. 특히 성차별적 조항들을 많이 담고 있어 비난을 사고 있다. — 옮긴이

게 맞추는 이들이다. 대부분의 살라피주의 단체들은 정치에 무관심하고, 사회를 변화시키고 정치에 영향을 주고자 할 때도 평화적으로 설득하는 방안을 채택한다. 이들 중 이집트의 누르당 같은 일부가 최근 아랍 봉기의 결과로 이전의 행동 유형에 극적으로 작별을 고하며 경쟁 정치의 영역에 들어섰다.

이슬람주의 운동의 변방에는 이슬람 세계에서 아주 작은 부분을 차지하고 있는 호전적인 극단주의 진영들이 포함되는데, 이들의 많은 수도 살라피주의라는 용어 아래에 묶이지만 아주 중요한 방식 면에서 살라피주의자들과는 나눠진다. 이들은 사회적 보수주의와 정치적 급진주의 간 교배의 산물로서 종교적이거나 사회적이라기보다는 정치적인 목적을 가진 레닌주의 조직들이다. 이들 무장단체들은 정치적 목적을 달성하기 위해 폭력적인 행동에 나서기를 거리끼지 않는다. 이들은 '무자히딘(신을 위해 싸우는 이들)'의 뜻으로 잘못 사용되고 있는 '지하드주의자'로 널리 알려져 있지만, 어느 쪽이든 이슬람에서는 중요하지 않다. 그러나 서구에서는 이 용어가 언론은 물론 학계 담론에서도 유명해졌다. 이 분류에는 '가까운 적'인 지역 정권들을 폭력적으로 무너뜨리는 데 목표를 둔 국가적 지하드주의자들과 알카에다와 그 연계조직들처럼 전 세계적 의제를 가지고 '먼 적'인 미국과 서방 동맹국들을 주요 표적으로 삼는 다국적 지하드주의자들 모두가 포함된다.[5]

서구적 회의론과 의심

그러나 역사적으로 서구와의 관계를 보면, 그 중에 서도 미국과의 관계를 보면 주류인 비급진적 이슬람주의 정당들의 경우조차 좋을 때라 해봐야 불안정한 관계였고 나쁠 때는 적대적인 관계였다는 사실에 주목할 필요가 있다. 아랍의 봄 결과로 주류 이슬람주의 정당들이 주요한 정치 주체로 등장하고 이집트와 튀니지 같은 일부 경우에 연립 정부를 주도하는 구성원으로 부상한 것이 특히 미국 사회 각계에 경종을 울리게 된 이유도 이 때문이다. 그들 중에는 이슬람주의자들의 유전자에 반미와 반이스라엘 정서가 있다고 믿으며 전통적으로 이슬람주의 정당들과 운동들을 경계하는 미국 여론주도층 내부의 보수적이고 확고한 친이스라엘 진영들도 포함된다.

중동에 개방적인 입장을 취하는 서구 분석가들조차도 순조

---

5 파와즈 게르게스, 《먼 적–지하드가 세계화된 이유》, 캠브리지대 출판부, 2005년.

롭게 정권을 넘겨받기 위해 혁명의 목표들을 희생해가며 구 질서의 구성원들, 특히 군부 최고위 장성들과 타협한 이집트 무슬림형제단의 일부 정책이 주류 이슬람주의에서 나타나는 경향들을 압축적으로 보여준다고 생각하기 때문에 이슬람주 의 정당들에 대해 완강하게 유보적인 태도를 보여 왔다. 2013 년 7월에 이집트 군부가 선출된 정부를 전복시키면서 무슬림 형제단의 이 전략은 실패했고, 그 과정에서 무슬림형제단은 눈앞의 정치적 이익 때문에 장기적인 민주화 목표들을 희생 하려 했다는 인상을 남겼다. 게다가 이슬람주의 정당들이 정 치권력의 중심을 향해 움직이면서 봉기에 의해 추방된 구정 권의 잔당들뿐만 아니라 스스로를 세속적이고(또는 세속적이 거나) 자유주의적이라고 생각하는 아랍인 시민들도 이들의 목표와 의도, 전술에 대해 강한 회의를 표현하게 되었다. 무 르시 정권에 대한 군사쿠데타를 이끈 것도 무바라크 정권의 잔당들과 이집트 정체 안에 존재하는 자유주의적 ─ 세속적 요 소들의 결합이었다. 자유주의자들은 군부 최고위급들의 이기 적인 동기에 정치적 대의명분을 제공해주었다.

　주류 이슬람주의 정당들에 대한 비판과 걱정은 주로 두 가지 우려에 뿌리를 두고 있다. 첫째, 이슬람주의 정당들이

'1인, 1표, 1회'라는 유명한 표어로 상징되는 민주적 원칙들을 피상적으로 약속하고 있다는 게 분명하다는 점, 둘째, 서구 비평가들이 두려워하는 반서구, 반이스라엘 언사를 강하게 선호하는 주류 이슬람주의의 기호가 종국에는 미군 기지를 폐쇄하고 이스라엘과의 평화협정을 중단 또는 취소하거나 팔레스타인 하마스와 레바논 헤즈볼라와 같은 미국이 테러 조직이라 지정한 단체들을 정치적, 군사적으로 지원하는 등의 정책으로 이어질 것이라는 점이다.

첫 번째 우려는 대체로 20세기 상반기 동안 이슬람 정치계와 지성계를 지배했던 몇몇 주도적 인물들의 발언과 글에 기인한다. 1950년대와 1960년대에 이집트 무슬림형제단의 최고 이론가였던 사이드 쿠틉*이 이 부류의 전형이었다. 이들 이론

★ 사이드 쿠틉(سيد قطب, 1906~1966)은 이집트의 저자이자 교육자, 이슬람 이론가, 시인. 이집트 무슬림형제단의 지도자 중 한 사람으로 이집트의 대통령이던 가말 압델 나세르 암살을 모의했다는 죄목으로 처형되었다. 이집트 교육부에서 일하는 공무원이었던 쿠틉은 미국 유학 중에 서구 문명과 미국 문화에 환멸을 느끼고 이슬람에 헌신하겠다는 결심을 한다. 이후 30권짜리 쿠란 주해서를 썼고 이슬람의 사회적, 정치적 역할을 논하는 다수의 저작을 남겼다. 그는 물질만능주의와 폭력, 성에 대한 탐닉이 넘치는 서구 문명, 특히 미국 문화가 알라의 뜻을 가리고 이슬람을 허약하게 한다고 진단하며 알라의 세계를 구현하기 위해 싸우는 전사가 되어야 한다고 주장했다. 그 자신이 순교자의 최후를 맞음으로써 추종자들에게 강한 인상을 남겼다. 쿠틉의 추종자들은 이집트의 탄압을 피해 사우디아라비아로 망명해 세력을 키웠고, 알카에다를 비롯한 대부분의 이슬람 무장투쟁 단체들에 직간접적인 영향을 주었다. 쿠틉은 이슬람 과격주의의 아버지로 일컬어진다. – 옮긴이

가들은 신의 통치권(하키미야)을 옹호하고 인간의 완전한 통치권을 부정했으며, 국회 입법 권한에 제한을 두었고, 인간이 만든 헌법 조항들을 신의 명령과 부합하는지 시험받게 했다.[6]

그러나 이슬람주의 운동들은 쿠틉이 이슬람 지식계를 지배하던 때로부터 상당히 진화했다. 그는 더 이상 무슬림형제단의 탁월한 철학자로 여겨지지 않으며, 아랍 세계에 존재하는 기존 정권들을 폭력적으로 타도하고 옹호하는 것을 포함하여 가장 논란이 많이 됐던 그의 사상은 이미 1966년에 쿠틉이 처형된 직후인 1969년에 무슬림형제단의 최고 수장으로부터 간접적으로 반박되었고, 1982년에는 공식적으로 폐기됐다. 1982년에 무슬림형제단 최고 수장은 "사이드 쿠틉은 그 자신을 대변할 뿐 무슬림형제단을 대변하지 않는다"[7]라고 선언했다. 게다가 쿠틉의 저작들은 이어지는 이슬람주의 세대들에 의해 다양하게 해석되었다. (무슬림형제단 안팎의)온건주의자와 극단주의자가 하나같이 그의 저작들을 이용하여 자신들의 의제들을 정당화했다. 쿠틉의 사상이 여전히 진화하는 중

---

6 쿠틉 이론에 대한 포괄적인 연구자료를 보려면 존 캘버트, 《사이드 쿠틉과 급진적 이슬람주의의 기원》, 콜롬비아대 출판부, 2010년을 참조하라.

7 질 케펠, 《예언자와 파라오-이집트의 무슬림 극단주의》, 사키북스, 1985년, 63쪽.

이던 1966년에 나세르 대통령이 쿠틉을 처형하는 바람에 다양한 해석이 등장할 수 있는 여지가 만들어진 셈이다.

이집트 무슬림형제단의 경우에서 분명하게 보이는 온건화와 정치참여를 향한 주류 이슬람주의자들의 진화는 이슬람주의 정당들 전부에서 볼 수 있다. 요르단과 모로코와 같이 민주주의가 충분하지는 않지만 더 많은 정치참여 기회들이 보장되는 정도로 자유화된 정치 체제에서 특히 더 분명하게 볼 수 있다. 무슬림형제단의 요르단 분파인 이슬람행동전선IAF과 모로코의 정의발전당PJD이 보여준 정치에 대한 접근법 변화는 이런 논제의 타당성을 극명하게 보여준다. 가장 극적인 사례는 터키의 현 여당이자 이 나라의 이슬람주의 정치 전통의 계승자인 정의개발당AKP이다. 이 당은 2001년에 낡은 이슬람주의 정치 틀을 깨고 나와 포스트이슬람주의(그 지도부가 선호하는 문구를 쓰자면, '보수적 민주주의') 정당으로 변신했고, 터키 민주주의의 통합을 가져오는 주요 매개체가 되었다. 그 과정에서 당은 민간-군부 관계의 균형을 민간에 유리한 방향으로 크게 역전시켰다.

사실, 아랍 봉기가 있기 전에도 보다 낙관적인 시각을 가졌던 분석가들과 평론가들은 주류 이슬람주의 단체들이 보여주는 이념적 유연함과 실용적 정치행위, 권위주의 또는 준권위주의 정권들의 압박에도 불구하고 갈수록 평화적인 정치적 전술들을 채택하는 것에서 이미 힌트를 얻었다. 그 결과 이슬람주의자들의 민주적 입헌주의 공약에 대해 과거에도 그랬지만 지금도 훨씬 낙관적인 평가를 내놓는다. 권력을 획득하고 유지하는 데는 필연적으로 타협이 필요하기 때문에 그들은 이슬람주의 정당들이 점차적으로 민주적이거나 준민주적인 체계로 사회화하는 것이 이들 정당들이 민주적 가치들을 내재화하는 것을 돕고, 실용주의를 유도하며, 비폭력적인 반대와 자유롭고 공정한 선거 결과에 대한 존중, 선거 패배 시 자발적인 권력 포기를 포함하는 민주적 정치참여의 규범들에 대한 수용으로 정의되는 온건주의로 이끈다고 주장한다. 이슬람주의 뿌리를 가진 몇몇 정당들이 민주적 통치를 옹호하는 헌신적인 투사가 되었다는 사실이 이런 시각을 뒷받침하는 듯하다.

중동에서 종교와 정치가 결합하는 현상에 대해 서구가 가하는 또 하나의 비판은 지금의 서유럽과 북미와는 달리 무슬림 세계에는 종교적 영역과 정치적 영역 간에 명확한 구분이 없다는 것이다. 이런 비판에는 무슬림 세계의 배경이 종교적

언어와 종교적 제도들을 채택하여 정치적 의제들을 전개해나가는 이슬람주의 정치세력들을 강화한다는 데 대한 분석가들의 불편한 심기가 깔려 있다. 이런 비판이 어느 정도까지는 유효하긴 하지만, 다음의 네 가지 사실을 간과하고 있다. 첫째, 중동의 교권−국가 관계의 역사적 궤적은 유럽과 매우 달랐다. 이슬람에는 이승의 지배자들이 자신들의 주권적 권한을 회복하기 위해 맞서야 했던 교황에 해당하는 중앙집권적 종교 권위체가 있었던 적이 없다. 유럽의 경우 이런 중앙집권적 종교 권위체에 대항하는 과정에서 일부 유럽 나라들이 교회를 신생 주권국가의 제일의 적으로 지목하고 강제적인 세속화와 이승의 지배자들에 의한 교회 통제를 통해 주권국가에 반대하는 교회를 진압해야 했다.

둘째, 이슬람에는 유럽과 달리 통치조직의 세속화를 요구하고 때로는 국가에게 종교를 통제해야 하는 부담을 지웠던 가톨릭과 프로테스탄트 간 분쟁과 같은 대규모 종교 전쟁이 없었다. 그러므로 무슬림 사회에서는 종교와 정치를 분리해야 할 필요성이 주요 순위로 여겨졌던 적이 없었고, 역사적으로 20세기 이전까지는 무슬림 사회가 종교와 종파적 차이에 대해 유럽보다 훨씬 관용적이었다.

셋째, 근대 이전까지 국가의 통제를 벗어난 신학교에서 면학에 힘쓰던 학자들이 해석하던 대로의 이슬람은 국가권력 남용에 제약을 가함으로써 이슬람 역사의 고전 시기에 개인과 단체의 권리를 보호했다. 주요한 다섯 개의 이슬람 율법 학파들 모두가 시민 사회 내 울라마(이슬람 사회의 지식인층, 특히 전승과 율법, 신학 지도자)에 의해 수행되어온 학문의 결과로서 등장했다. 그러므로 종교는 그저 국가 권력을 정당화하는 도구로 여겨지지 않았고 오히려 인간의, 특히 압제에 신음하는 이들의 동맹자로 여겨졌다. 이 전통은 오늘날 세계 도처에서 일어나는 이슬람주의 운동들의 저항 정치에도 계속해서 영향을 주고 있다.

넷째, 현재 중동에서 강세를 나타내는 이슬람주의 정당들은 수십 년간 모든 세속주의적 반대를 억압하며 권력을 장악한 권위주의 정권들이 만들어낸 직접적인 결과이다. 이슬람주의자들은 권위주의 정권들이 남긴 정치적 공백 안에서 움직이며 스스로 전제 질서에 대립하는 제1의 대항 세력이 되었다. 게다가 권위주의 정권들이 세속주의 – 국가주의 이미지로 자신을 포장하는 경우가 많았기 때문에 세속주의가 권위주의의 부속물처럼 여겨진 반면, 이슬람은 민주화와 시민적 권리를 보호하는 수단처럼 여겨졌다. 무엇보다 오랜 세월 동안 권위주의 정권의 탄압을 받으며 휘둘려온 세속주의 정당들의 취약성을 고려한다면, 튀니지와 이집트 같은 나라에서는 이슬람주의 정당들이 조직력과 대중적 신망을 확보하고 있는 유일한 단체라 할 수 있었다. 그러므로 몇몇 아랍 국가들에서 횡포를 일삼던 정권이 타도된 직후 실시된 첫 번째 선거에서 이슬람주의 정당들이 세속주의 정당들보다 나은 성과를 거둔 것도 전혀 놀랄 일이 아니다.

실제로 지금 중동에서 이슬람주의 정당들이 선거에서 선전하는 이유는 이런 요인들을 결합하여 설명할 수 있다. 그러나 민주화가 별다른 방해 없이 진행되고 이슬람주의 정당들과 세속주의 정당들이 활동하는 운동장의 높이가 점차 균등해지면 이런 현상은 오래 지속되지 않을 듯하다. 세속주의 정당들이 적절한 인내심을 보여주며 이슬람주의 정부들이 자신들이 낸 성과 또는 비성과로 정치적 신뢰를 잠식당하도록 놓아둔다면, 민주화는 세속주의 정당들에게도 이득이 될 수 있다. 그러나 세속주의 운동들이 초헌법적인 수단들을 동원해 정당하게 선출된 이슬람주의 정부를 흔들려고 시도하고, 2013년 7월에 이집트에서 그랬듯이 이슬람주의 정부를 타도하기 위해 구정권의 잔당들을 지지한다면, 선거를 통한 위임의 결과로 정권을 획득한 이슬람주의 정당들에 대한 대중적인 공감대를 더욱 증폭시키는 결과를 낳을 것이다. 이집트의 무슬림형제단 정부를 쿠데타로 축출한 사건은 장기적으로 이 나라에 정치참여가 부활할 때쯤이면 실질적으로는 무슬림형제단에게 유리하게 작용했다고 판명될 수 있다. 거꾸로 이 사건은 대중들 사이에 민주주의를 택한 주류 이슬람주의 정당에 대한 환멸을 퍼뜨리고 이슬람주의 정당은 비폭력적이고 민주적인 수단으로는 권력을 획득하거나 보유할 수 없다는 극단주의자들의 주장을 입증해주는 사례가 되어 대중들로 하여금 폭력적인 수단을 채택하게끔 부추길 수 있다. 극단주의자들의 주장에 대해서는 이 장의 결론 부분에서 다시 살펴보도록 하자.

이슬람주의 무장투쟁 경향의 쇠퇴

그러나 다국적 급진 이슬람주의의 대표주자인 알카에다를 포함하더라도 극단적이고 폭력적인 이슬람주의를 천명한 운동들이 무슬림 세계에서 펼쳐지는 정치적 과정들의 변방에 머물고 있을 뿐이라는 점을 주류 이슬람주의 정당들이 대거 참여하기도 했던 중동의 민주화 운동들이 분명히 보여주었다는 사실에 주목할 필요가 있다.[8] 혁명과 내전의 결과로 리비아와 시리아에서 알카에다 분파들이 재등장했다는 사실에서 분명히 알 수 있듯이, 그들이 무대에서 완전히 사라졌다는 의미는 아니다. 폭력적이고 군사적인 이슬람주의가 지속적으로 쇠퇴하는 경향을 보이며 주류 이슬람주의 정치 정당들에 비해 부차적인 역할을 하는 데에 그치고 있다는 의미다. 아프가니스탄과 이라크의 경우처럼, 그리고 지금은 리비아와 시리아, 예멘을 위협하고 있는 심각한 국가실패라는 맥락 속에서만 무장 이슬람주의가 두드러진다. 국가 권력의 붕괴나 쇠퇴가 없다면 다국적 단체들까지 포함해서 무장 단체들은 뿌리를 내리고 번성할 수 있는 영토적, 정치적 공간을 얻을 수 없다.

최근에 불거진 알카에다에 연계된 활동들과 1990년대 중반부터 2001년까지 행해진 초기 알카에다 활동들의 추진력 간에는 분명한 차이가 드러난다. 초기에 알카에다는 미국과 미국의 서구 동맹국들과 싸우는 데 몰두했다. 2001년 이후로 아

---

8   파와즈 게르게스, 《알카에다의 성쇠》, 옥스퍼드대 출판부, 2011년.

프가니스탄에 있던 알카에다 본거지가 파괴되고 고위 지도
자들 상당수가 제거되거나 분산되면서 상황은 극적으로 변했
다. 알카에다는 이라크와 예멘, 사우디아라비아, 파키스탄 및
기타 지역에 지부를 설치했고, 초기에 집중했던 다국적 목표
들을 어느 정도 유지하면서도 성격상 기본적으로는 국가 단
위 또는 국가 하위 단위의 투쟁들에 몰두하게 되었다. 종종
영토 통제권을 놓고 기존 국가들 내부에서 벌어지는 국지전
에 대놓고 참여하는 리비아와 알제리, 말리, 예멘, 그 외 여러
곳의 알카에다 지부들의 행태들과 함께 이런 변화는 아랍 봉
기의 결과에 따른 논리적인 귀결이었다. 빈 라덴의 지도를 받
던 초창기 알카에다가 신봉했던 다국적 목표들과는 사뭇 다
른 양상이다.

　중동의 반서구 정서, 특히 반미주의의 유행과 대중적 정서
를 감안하다면 이슬람주의든 아니든 간에 국민에 의해 선출
된 정부들이 앞서 있었던 권위주의 정권들보다 서구와 미국
의 정책에 비판적이리라는 점은 이해할 수 있다. 그러나 그들
은 이런 상황의 원인이 미국적인 정치적 가치들에 대한 근원
적인 혐오보다는 미국의 중동 정책, 특히 중동의 권위주의 정
권들을 옹호했던 워싱턴의 정책과 이스라엘의 팔레스타인 점

령과 식민지화 정책에 대한 미국의 무비판적인 지지에 더 많은 관련이 있다고 주장한다. 중동에서 실시된 여론조사들마다 미국적인 정치적 가치들과 설문에 응한 중동 대중들이 선호하는 정치적 가치들이 상당 부분 겹친다는 사실을 명확하게 드러내왔다. 몇몇 아랍 국가들에서 동시에 민주화 운동이 발발한 것과 터키에서 민주 연합이 결성된 것, 2013년 이란 대통령 선거에서 나타난 놀라운 결과는 모두 중동 인민들이 가진 민주주의 가치들에 대한 확신과 이란처럼 어려운 환경에서도 대중의 의지를 표출할 정치 공간을 얻어내려는 노력이 계속되고 있음을 증언하고 있다.

반혁명적 정치적 이슬람

지금까지 본 것처럼 이슬람의 정치적 소견들은 매우 다양하고, 이슬람주의의 다양한 표현들은 그들이 처한 사회적, 정치적 환경의 산물일 뿐만 아니라 자신들의 세속적인 목적을 달성하기 위해 이슬람을 이용하는 단체들과 정치적 주체들이 상정한 의제들의 산물이다. 그러나 이슬람주의자들과 그들이 중동의 정치지형에 미칠 영향에 대한 이 논의는 사우디 정권이 지지하는, 정권의 이해관계와 지역 내 동맹국들의 이해관계를 보호하는 것을 목적으로 하는 정치적 이슬람의 반혁명 버전을 포함하지 않고서는 완성될 수 없다.

민주화 봉기가 아랍 세계를 휩쓸던 시기에 사우디아라비아가 이슬람주의 측면에서 자신이 누리고 있던 대중적 신뢰를 매우 의심스러운 방식으로 이용해 왔다는 점에 주목할 필요가 있다. 예를 들자면, 사우디아라비아는 권위적인 아사드 정권에 반대하는 시리아인들을 지지하면서도 아랍 세계의 다른 곳에서 일어나는 민주적 변화에 대해서는 반혁명적인 비난을 주도하는 식이었다. 특히 사우디 정권이 석유로 쌓은 방대한 부와 페르시아 만 연안에 면한 물리적인 위치, 와하비주의★ 종교 단체들과의 연계, 그리고 미국과의 밀접한 정치적, 안보적 동맹을 통해 지배하려는 열망을 가지고 있는 중동의 페르

★ 와하비주의는 무함마드 이븐 압둘 와하브(1703~1792)에서 시작된 코란의 가르침으로 돌아가는 이슬람 근본주의 운동이자 수니파 내의 한 분파다. 18세기 당시 이슬람의 타락상에 환멸을 느낀 와하브는 온갖 미신과 토속신앙을 반박하고 율법을 엄격하게 적용하여 간통자를 돌로 쳐 죽이기도 했다. 지역주민들과 갈등을 빚어 떠돌던 와하브는 다리아 지역에서 지역 지도자인 무함마드 빈 사우드와 함께 작은 종교집단을 형성하며 1740년에 코란과 하디스의 전통에 근거한 통치이념과 이슬람 사상에 입각해 국가를 통치한다는 협정을 맺었다. 빈 사우드는 지금 사우디아라비아 왕가의 직계조상이며 와하비주의는 사우디의 통치이념이자 종교이념이다. - 옮긴이

시아 만 지역에서는 특히 더 그러했다.

2011년에 아랍의 봄이 일으킨 반향이 사우디아라비아까지 닿았을 때, 정권의 지시를 따르는 사우디 종교기구는 사우디 지배에 대한 반대는 반이슬람이라고 선언하는 파트와(종교적 의견)를 내놓았다. 동시에 사우디 치안기구는 시아파가 우세한 왕국의 동부에서 일어나는 산발적인 시위에 참가하는 시위자들을 철저하게 짓밟았다. 또한 입헌군주제를 주장하고 소셜미디어를 통해 시민의 자유를 보호할 것을 요구하며 감시 정권에 저항한 이들 중에서 어느 정도 잘 알려진 일부 인사들에게 긴 징역형을 줌으로써 사우디 인권활동가들을 침묵시키는 쪽으로 움직였다. 동시에 압둘라 왕은 사우디 국민들의 지지를 확보하는 한편 그의 지배에 대한 저항을 회피하기 위해 1,300억 달러(약 150조 원)에 이르는 보조금을 국민들에게 지급하겠다고 발표했다.

중동에서 반혁명 연대를 이끄는 사우디아라비아의 주도적 역할은 2011년 3월에 리야드(사우디아라비아의 수도)가 걸프협력회의GCC의 이름을 빌려 이웃나라 바레인에 군사적으로 개입해 바레인 알 칼리파 왕가가 이 작은 섬에서 일어난 민주화 봉기를 폭력적으로 진압하는 것을 도울 때 명백해졌다. 사우디와 걸프 지역 동맹들은 바레인에서 일어난 봉기가 시아파와 이란이 꾸민 음모의 결과였다는 꾸며낸 얘기를 일부러 퍼뜨렸다. 페르시아 만 지역을 다스리는 수니파 왕가들은 봉기에 종파적인 색깔을 입히고 이란 음모론을 야기함으로써 중동 인구의 다수를 차지하는 수니파 대중들의 지지를 확보하려 했다.

원래는 비종파적 성격이었던 바레인 민주화운동을 정권이 탄압하는 것을 사우디아라비아 정권이 개입하여 도왔고, 이에 대해 미국이 눈에 띄는 어떠한 항의 표시도 내놓지 않았다는 건 미 제5함대 사령부가 있는 바레인의 정권을 보호하기 위한 이 작전에 워싱턴도 공모했음을 명백히 보여주었다. 또한 석유가 풍부하게 매장돼 있는 페르시아 만 지역의 안보에 관련한 사안들에서 워싱턴이 동맹국인 사우디아라비아의 정치적 선호에 아첨하는 성향을 보인다는 사실 또한 분명하게 보여주었다. 미국의 이런 태도는 중동의 민주화 운동을 지지하는 오바마 대통령의 공식적인 입장에 공공연히 반하는 것이며, 위선적이라는 비난을 받을 여지를 크게 남기고 있다.

그러나 이중 잣대를 사용하는 곳이 미국만은 아니었다. 사우디아라비아는 바레인에서 일어난 민주화 운동은 탄압하면서도 한편으로는 예전에 사우디 왕 암살 음모에 가담한 적이 있다고 알려져 미움을 산 리비아의 카다피가 축출되는 꼴을 보고 싶어 안달했다. 전제적 권력을 휘두르는 사우디아라비아와 페르시아 만 지역 동맹들은 시리아에서도 아사드 정권을 반대하는 세력들에게 상당한 재정적, 정치적 힘을 실어주었다. 사우디 정권이 민주주의를 사랑해서 시리아 반정부 운동에 감동한 게 아니라는 건 명백하다. 반대파들을 지원하도록 사우디를 자극한 것은 시리아 정권이 페르시아 만 지역에서 리야드의 최대 적수인 테헤란의 동맹이라는 사실이었다. 우리는 뒤에서 중동의 지역별 권력 균형이 어떻게 이루어져 있는지, 그리고 그 균형이 아랍 봉기에 의해 어떤 영향을 받았는지 논의하면서 다시 이 주제를 다룰 것이다.

서구는 무슬림형제단으로 대표되는 대중적 형태의 이슬람주의를 걱정하고 있다. 선거에서 이긴 이들의 성공이 중동에 대한 서구 강대국들의 이해관계에 부정적인 영향을 줄까 우려해서이다. 동시에 미국을 필두로 한 서구의 정책입안자들은 사우디아라비아가 통제하는 방대한 원유 보유고와 원유 생산량을 좌지우지할 수 있는 그 나라의 위치, 미국을 필두로 한 서구 동맹들과 맺은 밀접한 전략적 연대, 페르시아 만 연안 아랍국들에 나타나는 혁명적 변화의 움직임들을 저지하는 사우디의 정책, 페르시아 만 지역에서뿐만 아니라 전체 중동 지역에서 이란과 균형을 맞출 수 있는 사우디의 능력 등을 고려하여 사우디아라비아가 지지하는 반혁명적 형태의 이슬람주의가 서구의 이해관계를 지켜주는 동맹이 될 것이라 간주한다.[9]

9/11의 직접적인 여파로 어느 정도 손상을 입기는 했지만, 사우디아라비아의 와하비 이슬람주의에 대한 미국의 관대한 인식은 1930년대에 이 왕국에서 석유 탐사가 시작되고 아람코ARAMCO*가 설립되던 때로 거슬러 올라가는 오랜 역사를 가

9　이 주장에 대한 세부 내용은 메흐란 캄라바의 《페르시아 만을 둘러싼 국제정치》(시라큐스대 출판부, 2011년) 중 무함마드 아유브, 〈미국의 페르시아 만 정책—전략, 효과, 결과〉를 참조하라. 맥스 피셔, 〈비밀 드론을 넘어—이상하고 믿기지 않는, 모순되는 미국과 사우디아라비아 관계의 뿌리〉, 《워싱턴포스트》, 2013년 2월 6일자도 참조하라. http://www.washingtonpost.com/blogs/worldviews/wp/2013/02/06/beyond-secret-dronesthe-roots-of-the-awkward-improbable-contradictory-u-s-saudi-relationship/ (2013년 8월 26일 접속).

★　아람코(Saudi Arabian Oil Company, 원래는 Arabian-American Oil Company여서 ARAMCO라 불림)는 사우디아라비아 다란에 본사를 둔 사우디의 국영 석유회사이자 세계에서 가장 큰 석유회사다. 세계에서 가장 큰 석유 매장량과 세계 최고의 일일 생산량을 자랑하는 이 회사는 사우디아라비아에 기반을 둔 모든 에너지 자원을 소유하고 운용하고 개발한다. 1920년에 영국과 프랑스가 체결한 산레모 석유협정에 의해 메소포타미아에서 쫓겨난 미국 기업들이 새로운 석유 채굴지를 찾다가 스탠더드 오일 캘리포니아(SoCal)가 사우디 정부와 채굴권 계약을 하고 100% 자회사 캘리포니아-아라비안 스탠더드 오일(CASOC)을 세웠고 이 회사가 다란에서 엄청난 석유 보유고를 발견한 뒤 1944년에 아라비안 아메리칸 오일 컴퍼니(ARAMCO)로 이름을 바꿨다. 1950년에 사우디 압둘아지즈 왕이 국가의 석유시설들에 대한 국유화를 시행하면서 수익을 50:50으로 배분하기로 했고, 1980년에 완전한 국유화를 마치고 사명을 사우디아라비안 오일 컴퍼니로 바꾸었다. – 옮긴이

지고 있다. 이런 인식은 1950년대와 1960년대에 이집트의 나세르가 이끄는 아랍민족주의 물결이 중동에서 서구, 그중에서도 특히 미국의 헤게모니에 도전할 때 사우디아라비아가 서구 이해관계들을 지키는 주요 방어자로 등장하면서 더욱 강화되었다. 1980년대에 아프가니스탄에서 소련을 축출하는 작전을 펼칠 때도 사우디 근본주의가 미국의 주요 동맹자 역할을 했다.

다국적 지하드주의

그러나 9/11 테러공격과 뒤이은 사건들이 분명하게 보여주듯이 중동에 대한 서구의 이해관계라는 측면에서 볼 때 사우디아라비아의 와하비 이슬람주의는 크게 불리한 면이 있다. 그 결정적인 날의 비행기 납치범 19명 중에서 15명이 사우디아라비아 출신이었고 그들과 알카에다가 대체로 와하비주의의 종교적 근본주의와 쿠틉주의의 정치적 급진주의의 교배종인 반미 이념에서 동기를 부여받았다는 사실은 명백했다. 이 교배종 이념은 일찍이 1970년대에 사이드 쿠틉의 추종자들이 이집트 나세르 정권의 탄압을 피해 피신한 사우디아라비아에서 신념을 키워나갈 비옥한 토양을 찾은 데서 시작됐다. 리야드는 그 당시 진행 중이던 카이로와의 냉전의 일환으로 그들을 환영했고 사우디 교육제도 내부의 영향력 있는 자리들을 제공했다. 쿠틉의 제자들은 극단적으로 보수적인 사우디아라비아의 사회 환경 속에서 한 세대에 해당하는 학생들에게 영향력을 미쳤고, 한편으로는 그 왕국의 친서방적인 외교정책과 왕자들의 사치스럽고 반이슬람적인 생활태도에 환멸을 느꼈다. 그들은 이 두 가지가 모두 와하비 이슬람의 근본적인 신조들을 손상시키고 있다고 느꼈다.

이런 식의 교배는 급진적인 형태의 와하비주의를 낳았고, 사우디 정권과 동맹을 맺어 이 왕국의 정치적, 사회적 현상을 지탱하는 중요한 기둥이 되었던 기존의 와하비주의의 숙적이 되었다. 이 저항적 이데올로기는 1979년에 한 급진적 와하비주의 단체가 이슬람 최고 성지인 메카의 대모스크를 점거하는 극적인 사건으로 수면으로 떠올랐고, 사우디아라비아 정권과 정권과 동맹을 맺은 종교기구는 이 단체가 와하비 이슬람의 초기 이상들을 손상시켰다고 비난했다. 사우디아라비아는 프랑스의 도움을 받아 대모스크 점거에 관련된 단체 구성원 대부분을 죽이거나 체포(나중에 사형)했지만, 이런 대처는 그저 급진적 와하비주의 경향을 지하로 밀어 넣었을 뿐이었다. 1990년에 이라크가 쿠웨이트를 침공한 데 이어 사우디아라비아 영토에 미군이 주둔하게 되자 1990년대에 급진적 와하비주의가 다시 수면 위로 부상했다.[10]

그 사이에 소련의 아프가니스탄 개입에 대항해 사우디아라비아가 돈을, 미국이 무기를 대고 파키스탄이 이 둘을 전달하는 관로 역할을 하는 '지하드'가 수행된 덕분에 이 교배종 이데올로기는 국제적으로 지지자들을 끌어모으게 되었다. 알카에다는 1989년에 소련이 퇴각하고 1992년에 마르크스주의 정권이 몰락한 뒤에 무정부상태에 빠진 아프가니스탄에서 스스로 성장하고 번성할 수 있는 비옥한 토양을 찾은 경우로, 이 지하드 기획의 예기치 않은 부산물로 등장했다. 교배종 급진 와하비주의의 국제적인 표현체가 된 이 조직은 지금은 미국과 사우디아라비아 정권을 모두 겨냥하고 있다. 자신의 지배를 정당화하기 위해 와하비 종교 이념을 이용해온 사우디 정권은 마침내 도끼로 제 발등을 찍게 되었다.

---

10 보다 자세한 내용은 다음을 참조하라. 스테판 라크르와, 《깨어나는 이슬람-사우디아라비아, 종교적 이견의 정치》, 하버드대 출판부, 2011년. 토머스 헤가머, 《사우디아라비아의 지하드-1979년 이후의 폭력과 범이슬람주의》, 캠브리지대 출판부, 2010년.

이미 언급했듯이 알카에다 중앙이 내리는 지시의 유효성과 전달력 및 국경을 뛰어넘어 이념을 실현해가는 추진력의 매력이 2001년에 미국과 그 동맹들이 아프가니스탄을 침공한 이래로 급격하게 줄어들긴 했지만 알카에다 현상이 완전히 사라지진 않았다. 2001년 이후에 알카에다는 이전과는 달리 중앙 지휘의 통제를 거의, 또는 전혀 받지 않는 지역별, 국가별 지부들로 나눠진 느슨한 네트워크들의 네트워크로 변화하였고, 그 자체가 실체가 없는, 실체까지는 아니더라도 실체가 없어 보이는 실체가 되었다. 대부분의 경우에 무장 이슬람주의 조직들은 중앙 지도부의 허가를 얻기도 전에 '이라크의' 또는 '이슬람 마그리브(서쪽 지역)의'와 같은 적당한 지역적 접두사를 붙이며 '알카에다'라는 명칭을 전용해왔다. 하지만 다시 한 번 앞에서 언급했듯이, 이런 현상은 그들이 알카에다의 설립 이념인 전 세계적 지하드를 추구한다는 입에 발린 소리를 하지만 주목표는 지역적이거나 국가적인 것으로 축소됐다는 것을 의미했다. 결국에는 지역 논리가 세계적 이념을 이겼다.

알카에다 지부들이 중동에서 진행된 격변들에서는 계속해서 변방에 남아 있었지만, 앞서 말한 이유들로 인해 국가 쇠약으로 고통받거나 국가실패의 위협을 받는 나라들에서는 다소 두각을 드러내는 경향이 있다. 이런 현상을 보여주는 주요 사례들로는 예멘과 시리아, 리비아(말리까지 연장되는)가 있고 그 외에도 많다. 2012년 9월에 리비아 벵가지에서 미 대사인 크리스토퍼 스티븐스가 살해된 사건은 알카에다와 연계된 무장 세력들이 새로 들어선 리비아 정부와 친밀하다고 판단한 외교관들에게 해를 끼칠 수 있다는 사실을 분명하게 보여준 신호였다. 또한 다른 아랍 국가들의 경우에는 봉기가 일어났지만 필연적으로 뒤따라야 할 민주화로 신속하게 이행하지 못한 채 국가 기능이 위기에 처해 있을 때 알카에다와 같은 조직들이 부족 집단이나 종파 집단과 경쟁하며 그 정치적 공백을 메울 가능성이 있음을 보여준다. 이런 현상은 알카에다에서 영감을 얻은 알누스라 전선*이 아사드 정권에 대항하는 무장 세력들 중에서도 두드러지는 주체로 활약하고 있는 시리아에서는 이미 일어나고 있는 듯하다. 군사정권에 의해

★ 알누스라 전선(al-Nusra Front)은 시리아와 레바논에서 활동하는 알카에다 분파 조직으로 시리아 내전 중인 2012년 1월 23일에 공식적으로 출범하여 가장 공격적이고 가장 성공적이며 가장 효과적인 반군 세력으로 불리고 있다. 공식 결성된 지 10일 만에 미국의 테러 단체 목록에 이름을 올렸고, 유엔 안보리를 비롯해 영국과 프랑스 등 서구에서는 물론 아랍에미리트연방과 터키에서도 테러 단체 목록에 올라 있다. 2015년 초에 카타르를 비롯한 걸프 만 국가들은 알누스라 전선이 알카에다와 결별하면 자금을 지원할 용의가 있다는 의사를 밝히기도 했다. 2014년에 시작된 미국의 시리아 공습 대상이기도 하다. – 옮긴이

여러 차례 지지자들이 학살당하는 사건까지 포함하여 이집트 무슬림형제단이 지금 당하고 있는 탄압을 고려한다면, 그 나라에서 '나일의 알카에다' 같은 단체가 등장하리라 예상하는 것도 너무 나간 상상은 아닐 것이다.

이들 알카에다 유형의 단체들은 리비아와 알제리, 말리에서의 폭력사태가 상호 연계되었던 경우처럼, 또 이라크와 시리아의 경우에서처럼 구멍이 숭숭 뚫린 국경을 뛰어넘어 북아프리카와 비옥한 초승달 지역에 퍼져 있는 유사한 단체들을 연계해낼 잠재적인 가능성도 가지고 있다. 최근에 국가 구조가 심각하게 손상된 국가들에서 이들이 다시 등장하고 있지만, 알카에다와 연계가 됐든 그렇지 않든 간에 아랍 봉기에 관해서라면 무장 이슬람주의자들은 여전히 주변부 주체들로 남아 있다. 아랍 봉기의 맥락에서 봤을 때, 극적인 폭력행위를 저지를 수 있는 그들의 능력을 과소평가해서는 안 되겠지만, 스스로의 작위와 부작위에 의해 국가의 운명을 만들어갈 수 있는 위치에 있는 무슬림형제단이나 심지어 이집트의 살라피파 알누르당과 튀니지의 엔나흐다와 같은 주류 이슬람주의 정당들과 비교하면 무장 이슬람주의자들은 단역에 불과하다.

게다가 무장단체들이 신규 병력을 모집할 수 있는 텃밭

이 돼야 할 이집트의 알누르당과 튀니지의 안사르 알샤리아와 같은 살라피 운동들은 알누르당 경우처럼 민주주의 틀 안으로 들어갔거나 안사르 알샤리아 경우처럼 우선적으로 다와(무슬림을 보다 나은 무슬림으로 만드는 데 목표를 둔 선교활동)와 사회활동 및 자선활동에 주력하고 있다. 살라피 운동들의 이런 움직임은 민주적 변화를 경험한 여러 아랍 국가에서 무장 지하드주의의 견인력을 상당히 감소시켰다. 그러나 최근 이집트에서 무르시 정부를 축출한 군사쿠데타는 환멸을 느낀 주류 이슬람주의자들 사이에 지하드 원리의 매력을 다시 한 번 높일 것이다. 기다려보면 이런 현상이 일어나는지 알 수 있을 것이다.

주류 이슬람주의자들과 알카에다의 영향권 안에 있는 무장단체들의 이해관계 간에는 고유의 커다란 모순이 있다. 주류 이슬람주의 정당들은 통치조직을 운용할 능력이 있는 합법적인 정치 주체로 보이기를 원하는 반면, 무장단체들은 대안적인 통치의 전망을 제시하기보다는 무정부상태와 혼란을 만들어내는 데 더 관심이 있다. 그래서 튀니지 경우와 이전 이집트 경우처럼 주류 이슬람주의 정당이 정권을 잡아 알카에다와 연계된 단체들이 저지르는 폭력 행위들을 제압할 책임 주체가 될 때 종종 주류 이슬람주의 정당은 무장 세력들의 공격 목표가 된다. 시리아 무슬림형제단의 경우처럼 정권을 잡지 못했을 때, 주류 이슬람주의 정당은 무장 이슬람주의자들이 장악하고자 노리는 정치 공간을 놓고 다투는 주된 경쟁자가 된다. 이처럼 아주 다른 두 가지 종류의 주체를 혼동하는 것은 중동과 그 너머에서 일어나는 이슬람주의 현상을 이해하는 데 아무런 도움이 되지 않는다.

시아 이슬람주의

이와 유사하게 아랍 세계의 주류 수니파 이슬람주의 단체들과 그에 대립하는 시아파 이슬람주의 단체들(다와, 사드리스트, 이라크의 이슬람최고회의ISCI, 레바논의 헤즈볼라, 바레인의 알웨파크 등)을 혼동하면서 양쪽을 동일한 색깔을 칠해버리는 것도 명확한 분석을 얻는 데에는 도움이 되지 않는다. 특히 시아파 단체들과 운동들은 수니파 이슬람주의 단체들과 긴장 관계에 있거나 적대적인 관계에 있기 때문에 그들의 용어와 그들 자신의 맥락으로 이해되어야만 한다. 수니파 이슬람주의자들과 마찬가지로 시아파 주류 이슬람주의자들 역시 아랍 봉기와 이 봉기를 둘러싼 정치 현장에서 현저한 역할을 해왔다.

온건한 시아파 정당인 바레인의 알웨파크는 원래 이 섬을 지배하는 권위주의 정권인 알 칼리파 정권에 대항해 민주화운동을 주도한 주체였고, 이 때문에 심하게 고생을 했다. 일단 정권의 공작에 의해 민주화 봉기에 종파주의적 색채가 덧씌워지자 시아파 성직자들도 저항운동에 참가하여 중요한 역할을 했는데, 이 때문에 사우디아라비아와 바레인 정권이 퍼뜨린 종파주의적 선전은 자기실현적 예언이 되어버렸다. 그러나 2012년을 거치면서 알웨파크가 너무 정권과 타협하려고만 하고 성직자들은 시아파 청년들의 요구와 너무 소통하지 않는다고 판단하는, 젊고 갈수록 급진화되는 시아파들이 반정부운동 지도부를 장악했다. 바레인 반정부운동 지도부의 급진화는 협상을 통해 바레인 위기를 해소할 수 있는 방안을 차단한 채 갈수록 강경한 노선을 택하는 알 칼리파 정권에 의해 촉발된 것이었다.[11]

---

11 프레데릭 웨리, 〈불안한 동맹—바레인의 곤경과 미국의 정책〉, 《카네기보고서》, 2013년 3월. http://carnegieendowment.org/files/bahrain_impasse.pdf (2013년 8월 26일 접속).

아랍 세계에 지금의 봉기들이 일어나기 전에도 이라크의 시아파 정당들은 미국의 침공에 이은 민주주의 체제로의 이행 과정에서 중요한 역할을 수행했다. 중동 사정에 정통한 유일한 미국인 신보수주의 분석가 한 명은 이에 깊은 인상을 받아 일찍이 2004년에 시아파 성직자들과 수니파 근본주의자들이 아랍세계에 민주주의를 퍼뜨릴 수 있는 가장 유력한 매개체들이라고 결론 내렸다.[12] 시아파 종교단체들은 제각기 상반되는 목적에 따라 움직이기는 하지만 지금의 이라크 연립정부에 계속해서 참여하고 있는 주요 주체들이다. 사실 2008년 3월에 이라크의 주요 항구인 바스라와 석유가 풍부하게 매장돼 있는 내륙지역의 통제권을 놓고 미국의 지지를 받는 ISCI(와 다와)가 주도하는 누리 알 말리키 정부와 좀 더 급진적인 사드리스트들 간에 대대적인 시아파 내분이 벌어진 적이 있다. 이 사태는 이란이 정전협정을 중재하면서 일단락되었다.[13]

2010년에 알 말리키가 총리로 재선된 이후로 그가 속한 당

12 로이엘 마크 게레히트, 〈이슬람 패러독스–시아 성직자, 수니 근본주의자, 그리고 아랍 민주주의의 도래〉, 《AEI 프레스》, 2004년.

13 매튜 더스, 피터 주울, 〈분열된 이라크의 시아파–이라크의 주류 내부의 긴장관계 이해〉, 《미국진보센터》, 2009년 1월호. http://www.americanprogress.org/wp-content/uploads/issues/2009/01/pdf/shia_elections.pdf (2013년 8월 26일 접속).

이 전 총리인 아야드 알라위가 이끄는 종파 간 연합체 알 이라키야에 이어 두 번째로 큰 당이 되었지만, 점점 심해지는 치안 문제와 함께 정치적 갈등이 격화되었다. 알 말라키는 다양한 초법적인 기구들을 이용하여 수니파 아랍인들과 쿠르드족들뿐만 아니라 몇몇 시아 분파들까지 소외시키며 갈수록 권력을 자신의 수중에 집중시켰다. 그의 정책들은 더욱 거세지는 쿠르드족 지도부의 분리 위협과 갈수록 격화되는 종파 간 폭력, 특히 수니파 극단주의자들이 시아파 성지를 방문하는 순례자들 같은 힘없는 시아파 표적들을 대상으로 자살 공격을 시도하는 등 폭력 사태를 증가시키는 결과를 낳았다. 이라크의 시아파 이슬람주의는 알 말리키에 의해 적어도 부분적으로는 개인적인 권력 장악의 수단이 되어 시아파 이슬람주의자들에게 불신을 심어주었다. 또한 수니파 아랍인들과 쿠르드족뿐만 아니라 대부분이 수니파인 이웃 국가들, 특히 이라크 정권을 이란의 동조자이자 시리아 아사드 정권의 지지자라고 보게 된 터키와 사우디아라비아의 화를 잔뜩 돋우었다. 시리아 정권이 축출된다면 이런 상황이 이라크 정권에 해로운 결과를 미칠 수 있다.

레바논에서는 이슬람주의 저항운동 집단이라고 칭하는 편

이 더 적절하겠지만 서구 용어로는 '테러' 집단이라고 간주되는 경우가 많은 헤즈볼라가 상당히 성공적으로 주요 정당으로 변신했다. 레바논 영토와 남부 레바논의 시아파 인구를 이스라엘의 공격으로부터 방어할 목적이라 주장하며 여전히 무장 조직을 보유하고 있기는 하지만 말이다. 1990년에 레바논 내전이 끝난 이후로 헤즈볼라는 거의 예외 없이 내전을 종식시킨 '타이프 협정'*에 기록된 레바논 정치의 종파 간 권력균분 규정을 그대로 따라 활동해왔다. 2005년 라피크 하리리**가 암살당한 뒤 수니파가 지배하는 레바논 정부가 헤즈볼라를 궁지에 몰았던 때처럼 헤즈볼라는 자신의 목숨이 달린 이

★ 타이프 협정(Taif Agreement)은 레바논의 내전을 종식시키고 정치적 평시 상태로 돌아가기 위한 기본 협정으로서 1989년 10월에 사우디아라비아 타이프에서 체결되었고 1989년 11월에 레바논 의회에서 승인되었다. 무슬림이 다수를 차지하게 된 인구통계학적 변화를 정치에 반영하는 정치개혁과 내전 종식, 당시 이스라엘이 점령하고 있던 남부 레바논 반환, 시리아군의 철수 등을 협약했다. 사우디아라비아의 중재와 미국의 직접적인 개입, 시리아의 간접적인 개입이 있었고, 전 사우디 외교대표였던 라피크 하리리가 중요한 역할을 하였다. — 옮긴이

★★ 라피크 바하 엘 딘 알 하리리(1944~2005)는 레바논의 기업인이자 정치가로 레바논의 제63대, 제65대 총리를 지냈다. 건설업으로 사우디아라비아에서 큰 재산을 쌓았고 레바논 내전으로 황폐해진 조국의 재건을 위해 많은 노력을 했다. 정치인으로 일하면서는 국가의 단결과 화합을 주창했지만 레바논 재건 사업 과정에서 자신의 건설업체가 큰돈을 벌었다는 의심도 받았다. 사우디아라비아 정권과 밀접한 관계를 맺었고 시리아와는 갈등을 빚었다. 2005년 베이루트에서 차량폭탄 테러로 살해됐는데, 살해 용의자로 유엔 국제재판소가 헤즈볼라 간부들을 기소할 움직임을 보이자 레바논 내각에 참여하고 있던 헤즈볼라 소속 장관 십여 명이 동반 사퇴하기도 했다. 이 사건의 배후에 시리아 정보부가 있다는 소문이 돌아 친시리아였던 국민 정서가 반시리아로 돌변하기도 했다. — 옮긴이

해관계가 위협받는다고 느낄 때에만 가끔 무력을 사용했다.

1990년 이래로 이스라엘의 지배에 무력으로 저항하는 동시에 정상적인 정당으로서 레바논 시아파의 이해관계들을 대변한다는 이중 목표를 내세운 헤즈볼라는 두 가지 역할을 동시에 해야 했다. 한편으로 헤즈볼라는 잘 조직된 정치 기구 역할을 한다. 하지만 다른 한편으로 헤즈볼라는 레바논 국가가 이스라엘의 침공으로부터 제대로 국경을 방어하지 못하는 상황에서 무작정 무력 조직을 해체할 수는 없다고 버틴다. 2006년에 있었던 이스라엘의 레바논 침공은 이 나라 주권의 유일한 방어자가 자신들이라는 헤즈볼라의 주장을 입증했다. 이스라엘 – 헤즈볼라 분쟁의 일환으로 계획된 이스라엘의 침공으로 레바논에 엄청난 인적, 물적 피해가 발생했지만 레바논군은 전혀 전쟁에 참가하지 않았다.

아랍세계가 헤즈볼라에 대해 갖고 있는 상대적으로 너그러운 이미지와 특히나 헤즈볼라 지도자인 하산 나스랄라의 인기는 2013년에 헤즈볼라가 아사드 정권을 지원하기 위해 갈수록 공공연하게 시리아 내전에 개입하게 되면서 심각하게 손상되었다. 그런 정책을 결정한 것은 헤즈볼라의 전략적 이해관계였다. 헤즈볼라가 레바논에서 지금의 위치를 유지하는 데 필수적인 이란의 재정적 지원과 무기 지원을 전달해주는 주요 통로가 아사드 치하의 시리아라는 사실도 이 고려에 포함되었다. 게다가 이란은 시리아 정권과 헤즈볼라 양쪽의 주요 지지자이기 때문에 이란이 수십 년 동안 제공한 군사적, 재정적 지원에 대한 답례로 가서 아사드를 구해주라고 헤즈볼라에 요구했을 가능성이 농후하다.

그럼에도 불구하고 헤즈볼라가 아사드 정권을 지원하며 공개적으로 군사 개입을 한 사실은 아랍 세계 대부분에서 헤즈볼라의 신뢰성에 손상을 주었다. 또한 시리아를 두고 벌어지는 분쟁을 시아파 이란과 이에 가세한 시아파 헤즈볼라가 시리아의 주류인 수니파 시민들과 대치하며 시리아 수니파의 정당한 권리들을 부정하는, 수니파–시아파 분쟁으로 틀을 지우고 싶어 하는 사우디아라비아와 같은 이들에게 빌미를 제공했다. 헤즈볼라 사례는 갈수록 종파주의 성격을 띠는 중동 정치와 일부 이슬람주의 단체들의 외부 지원에 대한 의존도를 고려했을 때 이슬람주의가 가지는 힘과 인기의 한계를 보여주기도 한다.

이슬람주의는 어디로?

그러나 중동에서 활동하는 이슬람주의 운동들을 짓누르는 제약들은 이것들만이 아니다. 그들의 표어인 '이슬람이 해법이다'는 권위주의 정권에 대항하여 사람들을 움직이는 효과적인 방법으로 작동할지 모르겠지만, 이 지역의 많은 국가들이 직면하고 있는 거대한 사회·경제적 문제들에 대한 답을 주지는 않는다. 정권을 잡은 이슬람주의 정당들은 사회적 공감대에 기초한 참여적 틀 안에서 좋은 통치와 경제발전을 이끌어내야 할 과제에 직면해 있다. 저항 과정에서 정치기술을 익힌 이들 정당들이 단기간에 해결될 수 없는 복잡한 사회·경제적 문제들을 가진 사회를 통치해야 하는 과제에 능력을 (어쩌면 전혀)발휘하지 못한다 해도 놀랍지는 않을 것이다. 이런 일이 벌어진다면 유권자들은 다음 선거에서 이들을 축출하게 될 것이 분명하다.

아랍의 봄 국가들에서 일어난 이슬람주의의 물결은 닥쳤을 때만큼이나 재빨리 물러가면서 권력과 대중성이 이슬람주의와 세속주의 세력들에게 보다 균등하게 배분되는 정치적 균형 상태를 되돌릴 수 있을 것이다. 어마어마한 시위의 물결이 결국 이집트 군부에 의한 무르시 대통령 축출로 귀결된 사건은 무슬림형제단의 통치 능력과 문제해결 능력에 대한 이집트 대중의 환멸을 분명하게 드러내준다. 또한 이 사건은 중동에서 이슬람주의 정당들에 대한 지지의 물결이 반환점을 돌고 있다는 신호가 될 수도 있다. 그러나 무슬림형제단 정부에 대한 군사쿠데타는, 특히 군부가 신속한 권력 포기를 거부하고 이미 이집트 시민 연합들에 영향을 주기 시작한 상당히 압제적인 정책들을 계속해서 시행할 경우에는 그에 반대되는 효과, 즉 이집트 이슬람주의자들에 대한 동정심을 배가시키는 효과를 낳을 수 있다.

큰 걱정거리는 위헌적인 방법으로 무르시가 권좌에서 쫓겨난 사태가 중동 지역 전체의 이슬람주의 운동세력들에게 민주적 입헌주의를 약속하고 자유롭고 공정한 선거를 통해 선출됐을 때조차도 국가적, 초국가적 세력들이 최선을 다해 자신들을 막으려 할 것이라는 신호를 주었다는 사실이다. 그러면 그들은 권력을 획득하고 유지할 수 있는 유일한 방법은 총을 통하는 수밖에 없다고 결론 내릴 것이다. 무슬림형제단은 사이드 쿠틉 시절로부터 먼 길을 걸어왔지만, 불행하게도 지금 이집트에서 벌어지는 사건들은 무슬림형제단 구성원들로

하여금 지금의 경험을 토대로 쿠틉을 다시 읽어보라고, 20여 년 전에 그들 중 일부가 그랬던 것처럼 쿠틉의 저서에서 가장 군사적인 결론들을 이끌어내 보라고 등을 떠밀고 있는지도 모른다.

제3장

교착상태에 빠진
팔레스타인 문제

하마스는 이슬람주의 단체이지만 전통적인 개념에서 얘기하는 이슬람주의 여당과 야당도 아니기 때문에 앞 장에서 거론하지 않았다. 그럼에도 불구하고 하마스는 중동에서 가장 오래 지속되는 분쟁, 즉 이스라엘과 팔레스타인 간 분쟁의 주역이다. 하마스는 외세의 점령에 맞서 정치적으로, 때로는 군사적으로 싸우기 위해 민족주의와 이슬람주의가 결합된 조직이다. 그와 함께 가자 지구에서는 어느 정도의 통치 기능들도 얻었지만 가자를 지배하려는 하마스의 시도는 이스라엘의 지구 봉쇄와 주기적인 군사적 침공, 파타가 지배하는 요르단 강 서안 지구를 가자 지구와 갈라놓은 팔레스타인 내부적인 파타와 하마스 간 분쟁 탓에 심하게 제한되었다.

하마스는 공식적으로 첫 번째 팔레스타인 인티파다가 시작되던 1987년에 팔레스타인 무슬림형제단의 정치조직으로 설립되었지만, 실제로는 유대인을 유럽에서 팔레스타인으로 이주시킨 영국의 위임통치가 시작된 1920년대로 거슬러 올라가는, 팔레스타인을 놓고 유대인 이주자들과 아랍인 원주민들 간에 벌어진 분쟁의 산물이다. 무슬림형제단은 1930년대 이래로 팔레스타인에서 활동해왔고 1936년부터 1939년까지 영국의 유대인 식민지 건설 정책에 반대하여 일어난 아랍대반란과 팔레스타인을 놓고 처음으로 시온주의자들에 대항한 1948년 전쟁에 참가했다.

1967년에 서안과 가자 지구를 점령한 후에 이스라엘은 스스로 팔레스타인 무슬림형제단에게 점령 지구에서 자체적인 문화·교육 활동들을 수행할 수 있는 사회적 공간을 제공했다. 이스라엘은 1980년대 중반까지 팔레스타인해방기구PLO가 점령지 팔레스타인인들 사이에서 수행하고 있던 민족주의적이고 저항적인 활동에 대한 일종의 교정 수단으로서 교육적이고 종교적인 성격을 강조하는, 그러므로 비정치적인 무슬림형제단이 문화와 교육에 관련된 전선 조직들을 구축하는 것을 장려까지는 아니더라고 방관함으로써 그 작업을 촉진시켰다.[14] 이스라엘은 이런 정책이 점령지 팔레스타인인들 사이

⊥
14　사울 미샬과 아브라함 셀라, 《팔레스타인 하마스—전망, 폭력, 그리고 공존》, 콜럼비아대출판부, 2000년, 18쪽. 로버트 드레퓌스, 《악마의 게임—미국은 어떻게 근본주의 이슬람의 발흥을 도왔나》, 메트로폴리탄북스, 2005년, 191쪽. 타마르 하우스만, 〈미국 외교관, "이스라엘이 팔레스타인 민족주의를 꺾을 속셈으로 이슬람주의자들을 부추겼다"〉, 《하레츠》, 2001년 12월 21일. http://www.haaretz.com/u-s-ambassador-says-israelencouraged-islamists-in-bid-to-dampen-palestiniannationalism-1.77916 (2013년 8월 27일 접속).

에 분열을 일으키고 점령자들의 과업을 보다 손쉽게 만들어 줄 것이라 믿었다. 파타가 이끌던 팔레스타인해방기구와 무슬림형제단은 여러 사안에 대해 이념적으로 대립하기는 했지만, 1980년대 중반이 되자 두 조직이 팔레스타인 해방이라는 목표를 공유하고 있다는 사실과 무슬림형제단이 어느 때라도 정치조직으로 변신할 수 있는 능력을 가졌다는 사실이 명확해졌다. 하마스가 1987년 팔레스타인의 첫 인티파다(봉기)와 동시에 결성되었다는 사실이 이 가설을 증명해주었다.

이 시점에서 잠시 서술을 멈추고 끝없이 계속되는 이스라엘-팔레스타인 분쟁의 역사를 살펴보는 것이 도움이 될 것 같다. 이 짧은 책에서 분쟁의 기원을 상세하게 다룰 여유는 없지만 그 근원적인 뿌리가 1922년부터 1948년까지 지속된 영국의 위임통치 시기에 영국이 팔레스타인의 인구구성을 강제적으로 변화시키려 했던 사실에 있다는 점을 명확히 하는 게 중요하다. 제1차 세계대전 중이던 1917년에 런던이 밸푸어 선언*의 형태로 팔레스타인에 유대인의 나라를 세우겠다고

★ 밸푸어 선언(Balfour Declaration)은 제1차 세계대전 중이던 1917년 11월에 영국의 외무상이던 아서 밸푸어가 영국 유대인 공동체의 지도자였던 월터 로스차일드에게 유대인들이 제1차 세계대전에서 영국의 전쟁 수행을 돕는다면 그 대가로 팔레스타인 지역에 유대인 국가 건설을 지원하겠다는 내용으로 보낸 편지를 말한다. 편지의 내용은 나중에 오스만 제국과의 평화 조약문과 팔레스타인 위임통치안에도 포함되었다. – 옮긴이

세계시온주의자기구에 했던 약속을 지키기 위해 영국은 유럽에 있던 유대인들에게 팔레스타인으로의 이주를 권장하고 촉진하는 정책을 단속적이기는 했지만 거의 사반세기 동안 시행했다. 그 정책은 1922년에 11%였던 팔레스타인 인구 중 유대인 비율을 1947년에 32%로 높였고 그만큼 토착 무슬림들과 기독교를 믿는 아랍인 인구의 비율을 감소시키면서 팔레스타인의 인구통계학적 지도를 극적으로 변화시켰다.

제1차 세계대전 이후 팔레스타인을 점령한 영국은 유럽 유대인들이 팔레스타인을 식민지화하고 이어서 1948년에 이스라엘을 건국하는 과정에서 산파 역할을 했다. 유럽과 북미 국가들이 주도하던 1947년 유엔총회에서 당시 유엔 회원국이었던 모든 아랍 국가들과 거의 모든 아시아와 아프리카 국가들이 반대했음에도 불구하고 팔레스타인 유대인 공동체에 팔레스타인 영토의 55%를 할당하는 결의안이 표결로 통과되었다. 팔레스타인을 분할하기로 의결되었지만 다른 모든 UN총회 결의안과 마찬가지로 이 결의안도 성격적으로 볼 때 그저 권고사항일 뿐이었지 의무사항은 아니었다. 그러나 이스라엘과 그 지지자들은 아랍 세계 한가운데에 국가로서 존재하는 이스라엘의 정통성을 정당화하기 위해 끊임없이 이 결의안을 언급한다.

결국 팔레스타인인과의 분쟁에 개입한 이웃 아랍 국가들과 맺은 휴전 협정의 결과로 1948년 5월에 팔레스타인 지역 총 면적의 77%에 해당하는 땅 위에 이스라엘이 건국되었다. 팔레스타인인들이 나크바(재앙)라고 묘사하는 이 전쟁은 이스라엘이 되어버린 고향땅에서 수십만의 팔레스타인 아랍인들이 추방되는 사태로 이어졌다. 일련의 아랍 – 이스라엘 전쟁이 뒤따랐고, 1967년에는 요르단 강 서안과 가자 지구에 대한 이스라엘의 점령이 이어졌으며, 점령지에 계속해서 유대인 정착지가 들어서면서 이스라엘 – 팔레스타인 분쟁에 대한 '두 국가 해법'의 전망을 암울한 상태에 빠뜨리는 지금의 교착상태로 이어졌다.

팔레스타인 점령지의 현재 상황은 사람이 살 수 없을 정도다. 점령자들은 팔레스타인 사람들로부터도 철저한 불신의 대상이 된 거의 아무런 힘도 없는 팔레스타인 자치정부와 소위 '평화 협상'을 벌이며 점령한 영토의 최종적인 분배를 논하는 와중에도 나머지 팔레스타인 지역을 식민지화하는 무자비하고 교활한 점령 작업을 계속 지속하는 데 안달이다. 이런 상황을 보고 한 날카로운 관찰자는 결론지었다. "(이스라엘 총리인) 네타냐후는 피자를 어떻게 분배할지 협상하면서 계속 피자를 먹어치우는 사람과 같다."[15] 점령지의 식민지화가 국제법, 특히 점령세력이 점령 지역에 자신의 국민들을 이주시켜 해당 영토의 인구통계학적 성격을 변화시키지 못하도록 한 제4차 제네바 협약을 정면으로 어기고 추진되어왔다는 사실에 주목해야 한다. 지금 요르단 강 서안에는 35만이 넘는 유대인 이주민들이 거주하고 있으며, 점령된 동예루살렘에도 30만이 넘는 이주민들이 거주하고 있다고 추산된다.[16]

이스라엘은 특히 1992년에 오슬로 평화협상*을 시작한 뒤에도 팔레스타인 영토를 유대인 식민지화하는 작업을 성공적

---

15 아비 슐라임, 〈오바마와 이스라엘–비관적 견해〉, 《안토니안(옥스퍼드 세인트 앤소니 칼리지 회보)》, 2010년 1학기, 7쪽. http://www.sant.ox.ac.uk/Antonian_Michaelmas2010.pdf (2013년 8월 27일 접속).

16 헤리엇 셔우드, 〈서안에 유대인 이주 인구 일 년 새 15,000명 늘어〉, 《가디언》, 2012년 6월 26일. http://www.theguardian.com/world/2012/jul/26/jewish-population-west-bank-up (2013년 8월 27일 접속).

★ 오슬로 평화협정은 이스라엘–팔레스타인 분쟁을 해결하기 위한 원칙적인 합의안으로 팔레스타인 자치와 이스라엘과 팔레스타인해방기구의 상호 인준을 바탕으로 한다. 팔레스타인 자치와 선거, 과도기협정, 이스라엘군 철수와 재배치, 예루살렘과 점령지의 최종지위 등에 관한 내용을 담았다. 이스라엘이 철수하는 1993년부터 5년 동안 팔레스타인 자치를 시행하기로 하였으나 이행이 늦어져 1999년 5월까지로 바뀌었다. 그러나 1995년에 이스라엘 라빈 총리가 이스라엘 극우파에 의해 암살되고, 1996년에 하마스의 자살폭탄 테러가 발생하며 이행에 난항을 겪었고, 1996년에 이스라엘 총선에서 극우파 네타냐후가 당선되면서 이행 자체가 불투명한 상태다. 2015년 10월에 마흐무드 아바스 팔레스타인 자치정부 수반이 이스라엘의 공공연한 협정 파기 행위로 인해 오슬로협정은 끝났다는 발언을 하기도 했다. – 옮긴이

으로 확대시켜 왔는데, 대체로는 유엔 안전보장이사회에서 미국이 이스라엘을 방어하며 거부권을 행사해준 덕분이었다. 미국이 유엔 안전보장이사회에서 행사한 83건의 거부권 중에서 58건이 이스라엘을 대변하는 용도였다. 이스라엘의 점령 정책에 비판적인 의결은 어느 것에든 거부권을 행사하겠다고 위협하거나 실제로 거부권을 행사하는 미국의 정책은 이스라엘에게 계속해서 불법적으로 팔레스타인 영토를 식민지화할 수 있는 완벽한 보호막을 제공해주었다.

파타가 이끄는 팔레스타인해방기구에 대항하는 주요한 도전자로 하마스가 부상한 것도 이처럼 팔레스타인인들의 실망이 점점 커져가는 맥락에 따른 것이었다. 팔레스타인해방기구는 1964년에 팔레스타인 민족주의 운동단체들을 포괄하는 조직으로 설립되었고, 1970년대에는 이스라엘과의 분쟁이라는 맥락 속에서 세간의 주목을 받으며 팔레스타인 민중의 유일한 대변자로 부상했다. 팔레스타인해방기구와 그 주도적 구성원인 파타는 초기에는 위임통치하에 있는 팔레스타인 영토 전부를 팔레스타인인들에게 돌려달라고 주장했지만, 1988년 이후로는 1967년에 그어진 국경선 내부의 이스라엘을 인정하는 대신 이스라엘에 점령된 요르단 강 서안과 가자 지구를 이스라엘의 점령으로부터 해방시키는 것으로 자신들의 투쟁을 제한했다. 이와 대조적으로 하마스는 적어도 이론적으로는 이스라엘 국가의 정통성을 인정하기를 거부하고 위임통치하에 있던 팔레스타인 영토 모두를 시온주의자들의 지배로부터 해방시키겠다고 결의했다.

하마스는 2006년 1월 팔레스타인 입법회의 선거에서 총 132석 중 76석을 차지하며 파타를 누르고 승리를 얻어냄으로써 팔레스타인의 양대 정치주체 중 하나라는 위치를 공고히 했다. 지금은 하마스의 참여나 최소한 하마스의 동의 없이는 이스라엘 – 팔레스타인 분쟁을 해결할 수 없다는 사실이 분명해졌다. 2006년 하마스가 선거에서 승리하자 미국 정부와 이스라엘 정부는 일련의 근시안적인 정책들을 펼쳐서 가자 지구와 요르단 강 서안의 팔레스타인 영토에서 하마스가 합법적인 정부를 구성할 수 있는 권리를 박탈했다. 미국은 하마스가 팔레스타인 영토를 통치하고자 한다면 즉각 이스라엘을 하나의 국가로 인정하는 동시에 폭력적 수단 사용을 포기하고 오슬로 평화협상에 대한 반대를 철회해야 한다고 고집했다. 미국이 제시한 조건들은 모두 하마스가 공인해온 입장과는 반대되는 것들이었다. 미국과 유럽은 팔레스타인에 혹독한 경제 봉쇄 조치를 가했고, 이스라엘은 가자 지구로 통하는 육상과 해상 접근로를 모두 차단하여 하마스 정부가 요르단 강 서안에 있는 임시수도 라말라에서 정권을 잡을 수 없도록 만들었다. 미국과 이스라엘이 펼친 이런 정책들은 또 미국으로부터 2백만 달러(약 22억 원)에 이르는 재정 지원을 받아 하마스에 대항해 선거 운동을 벌였던 파타를 부추겨 하마스가 선거에서 승리한 적법한 승자임을 부정하게 만들었다.

제로섬 게임

하마스의 선거 승리에 대한 미국과 이스라엘의 반응이 역효과를 낳으리라는 건 애초부터 명백했다. 오슬로 합의 자체를 거부하는 입장이었기 때문에 1996년 팔레스타인 선거에 참여하지 않았던 하마스가 변함없이 오슬로 체제 아래에서 시행되는 2006년 선거에 참여했다는 사실 자체가 이스라엘이 1967년의 국경선으로 물러난다면 장기 후드나(휴전)를 맺겠다고 했던 하마스의 제안과 마찬가지로 하마스도 언젠가 결국에는 '두 국가 해법'을 받아들일 의향이 있다는 점을 가리키고 있었다. 게다가 선거 결과에 대해 하마스 간부들이 했던 발언들은 하마스가 장기적으로 유권자들을 설득하여 두 국가 해법을 받아들이도록 할 마음이 있음을 암시했다.[17] 불행하게도 미국과 이스라엘의 정책들은 하마스를 말랑말랑하게 녹일(하마스가 선거에 승리했을 때는 분명한 유연화의 신호들이 있었다) 수 있었던 절호의 기회를 날려버렸고, 그 탓에 이스라엘–팔레스타인 분쟁에서 이미 가시화되고 있던 제로섬 경향을 더욱 강화시켰다.

미국과 이스라엘이 하마스가 이끄는 팔레스타인 자치정부와는 관계를 맺지 않겠다고 거부하자 기고만장해진 파타는 하마스에게 정권을 이양하기를 거부함으로써 하마스를 궁지에 몰아넣었고 결과적으로 2007년에 하마스가 무력으로 가자 지구의 통제권을 취하고 팔레스타인해방기구 관리들을 가자 지구에서 쫓아내는 사태를 초래했다. 이 사태는 각자 이스라엘 군에 둘러싸여 육로와 해로가 모두 이스라엘의 통제를 받고 있는 상태인 점령지들을 사실상 하마스가 지배하는 가자 지구와 계속해서 파타가 통치하는 요르단 강 서안 지구로 가르는

---

17 예를 들자면. 무사 아부 마르주크. 〈하마스는 무엇을 추구하는가〉. 《워싱턴 포스트》. 2006년 1월 31일자. http://www.washingtonpost.com/wp-dyn/content/article/2006/01/30/AR2006013001209.html (2013년 8월 27일 접속).

지경에까지 이르렀다. 두 팔레스타인 당파 간에 벌어진 이런 권력 분점은 이스라엘과 팔레스타인 자치정부 간에 평화 회담을 시작하는 데에 또 다른 커다란 장벽을 만들었다. 이런 사태는 하마스와는 평화 회담을 벌이지 않겠다고 거부한 이래로 유야무야 회담 재개를 미루고 있던 이스라엘에게 또 하나의 핑곗거리를 제공했다. 이스라엘이 선호하는 교섭 상대인 팔레스타인해방기구/팔레스타인 자치정부는 이스라엘의 정착 활동이 계속되고 있는데도 최근까지 회담을 재개하는 것을 내켜 하지 않고 있을 뿐만 아니라, 설사 팔레스타인해방기구/팔레스타인 자치정부가 회담에서 어떤 사안에 합의하더라도 서안과 가자 지구의 팔레스타인 사회가 그 합의 결과를 수용할 것이라고 장담할 수 있는 위치에 있지도 않다.

그러나 이스라엘 – 팔레스타인 분쟁을 제로섬 게임으로 돌려놓은 이 계속되는 교착상태의 일차적인 책임은 역대 이스라엘 정부에 있다. 이스라엘은 계속해서 팔레스타인 영토 안에 있는 유대인 정착지를 넓혀가면서 성공적으로 점령지들을 고립된 반투스탄(Bantustan)으로 분할해 나갔다. 팔레스타인 자치정부가 계속해서 두 국가 해법을 명시적인 목표로 삼을 것인지 여부와는 별도로, 이스라엘의 이런 행보는 정치적으로 각성한 팔레스타인인들조차 두 국가 해법을 지지할 명분을 찾을 수 없도록 만들었다.

믿을 만한 소식통에 따르면 2011년은 요르단 강 서안 지구의 유대인 정착 측면에서 기록적인 성과를 낸 해였고, 2012년은 이스라엘이 점령한 동예루살렘의 유대인 정착지 건설 성과가 기록을 세운 해였다.[18] 이스라엘의 이런 정책들은 없어서는 안 될 토지와 물을 이스라엘에 공급해주는 곳이 이들 점령지들이며 계속되는 정착사업이 이스라엘 내부의 중요한 유권자층을 만족시킨다는 사실이 낳은 직접적인 결과물이다. 요르단 강과 지중해 사이 전 영토가 '에레츠 이스라엘(이스라엘의 땅)'의 일부라고 생각하는 종교적인 유대인들과 비종교적인 극단적 민족주의자 유대인들이 이 유권자층을 형성한다. 이 유권자들의 참여가 이스라엘 연립 정부를 구성하는 데 필수적이기 때문에 오슬로 합의에 구상된 대로 평화를 위해

---

18 서안에서 이루어진 정착지 건설에 대해서는 어메리칸스 포 피스 나우, 〈'피스 나우'의 정착지 감시보고서―2011년은 서안 정착지 건설 최고 기록의 해〉, 2012년 1월 10일자를 참조하라. http://peacenow.org/entries/peace_nows_settlement_watch_report_2011_a_record_year_for_west_bank_settlement_construction(2013년 8월 27일 접속). 동예루살렘의 경우는 니르 하산, 〈그린라인을 넘어선 예루살렘 인근 건설 건이 2012년에 정점을 찍다〉, 《하레츠》, 2013년 1월 3일자를 참조하라. http://www.haaretz.com/news/national/construction-in-jerusalem-neighborhoodsbeyond-green-line-peaked-in-2012-1.491549 (2013년 8월 27일 접속).

땅을 내주는 입장에 서려는 이스라엘 정부는 없을 듯하다.

이스라엘인들은 평화 협상을 위한 전제조건으로 요구받은 정착 활동 중지 안을 거부했는데, 이런 반응은 마무드 아바스가 이끄는 팔레스타인 자치정부와 협상을 재개할 여지를 효과적으로 차단했고, 동시에 아랍의 봄이 닥쳐서는 결정적인 시기에 파타가 지배하는 팔레스타인 자치정부의 신뢰를 떨어뜨렸다. 아랍의 봄은 아랍세계 민주화 단체들이 구축하는 주요 가치이자 이스라엘의 점령으로 팔레스타인인들이 빼앗긴 자결과 자유, 존엄의 문제를 인권 차원의 문제로 더욱 부각시켰다. 아랍 대중들은 갈수록 파타와 그 부속체인 팔레스타인해방기구를 팔레스타인인들로부터 이들 기본권들을 박탈해 간 이스라엘의 협력자들이라고 보게 되었다. 그러므로 이스라엘의 강경노선은 팔레스타인 자치정부에 대한 신뢰를 갉아먹었고, 소위 말하는 '평화 협상'이라는 게 평화라곤 찾아볼 수 없는 그저 협상뿐임이 분명해졌을 때조차도 이스라엘 – 팔레스타인 분쟁의 해결책을 찾기 위해서는 이스라엘과 협상을 해야 한다고 믿는 어설픈 팔레스타인 자치정부 대통령 아바스에 대해 내내 비판적이었던 하마스에게 유리한 상황을 만들어냈다.

미 국무장관 존 케리의 치열한 노력 덕분에 2013년 7월에 이스라엘과 팔레스타인 자치정부 간에 새로운 협상이 시작되었다. 그러나 이 협상의 목적은 양자 간에 실행 가능한 두 국가 해법에 대한 최종적인 합의를 끌어내기보다는 2013년 9월에 예정된 유엔 총회에서 이스라엘 국가에 비해 팔레스타인 국가의 목표를 활발하게 추진하지 않는 데 대해 쏟아질 비난을 비껴가려는 미국의 속셈에 있지 않았나 싶다. 동시에 이스라엘 입장에서 볼 때 이 협상은 유대인 이주와 예루살렘의 지위에 대한 이견을 감안했을 때 합의에 실패할 수밖에 없는 협상에 참여함으로써 국제적인 비난은 회피하는 한편, 자신들이 점령한 팔레스타인 영토에 유대인 정착지를 넓힐 수 있는 시간을 번다는 목적에 부합하는 협상이었다.

　팔레스타인 영토를 유대인 식민지화하는 데 속도를 내는 이스라엘의 작업이 오바마 정부의 의사를 명백하게 무시한 상태에서 진행됐다는 점을 언급할 필요가 있다. 네타냐후는 워싱턴에서 벌어지는 이스라엘의 강력한 로비와 미 의회 양원을 모두 꽉 틀어쥔 그 지배력 덕분에 미국 대통령을 우습게 볼 수 있었다. 이런 정황은 무엇보다 2011년 5월에 네타냐후가 공화당 대변인의 초대를 받아(전통적으로 대통령이 초대하지 않는다) 미 의회에서 연설하면서 유대인 정착과 예루살렘의 지위를 포함한 여러 이스라엘－팔레스타인 분쟁 사안들에 대해 미국의 공식적인 입장에 정면으로 반하는 발언들을 하고서도 기립박수를 받았던 데서 명확하게 드러났다.

지금껏 미국의 선물을 제일 많이 받은 수혜자인 이스라엘이 이스라엘 정책입안자들에게 미국이 미친 영향력보다 훨씬 큰 영향력을 워싱턴에 미쳤다는 사실은 보기 드문 역설이다. 1949년 이래로 미국이 이스라엘에 준 경제적, 군사적 원조 규모는 1,150억 달러(약 135조 원)로 추산된다. 지금도 미국은 이스라엘에 연간 30억 달러(약 3조5천억 원)에 달하는 원조를 하고 있다. 게다가 미국은 첨단 무기체계들과 미국에서 개발한 가장 정교한 무기 기술 모두를 제공하여 이스라엘이 이웃 아랍 국가들과는 상대가 되지 않는 질적 군사력 우위를 누릴 수 있도록 보장해주는 보증인이다. 물론 이 모든 것들과는 별개로 미국은 이스라엘의 반복되는 결의안 위반에 대해 유엔 안전보장이사회가 이란과 시리아, 예전의 이라크와 리비아에 취한 것과 유사한 봉쇄 조치를 이스라엘에 내리는 사태를 막기 위해 유엔 안전보장이사회에서 쏟아지는 비난으로부터 이스라엘을 보호하는 역할도 맡고 있다.

그러나 꼬리가 몸통을 흔드는 모양새는 계속된다. 이스라엘의 로비, 특히 유대계 미국인들의 일반적인 여론보다 훨씬 오른쪽에 치우쳐있는, 리쿠드(이스라엘의 보수 정당) 동정론자들이 지배하는 '미국 이스라엘공공문제위원회AIPAC'의 로비가 영향을 미친다는 증거는 명확하다.[19] 엄청난 영향력을 지닌 이 로비 덕분에 2013년에 미 상원은 오바마가 국방부 장관으로 지명한 척 헤이글 임명을 거의 거부하는 단계에까지 갔다. 이는 헤이글이 이따금 약하게나마 이스라엘의 정책을 비난할 때가 있고, 공화당과 민주당을 막론하고 미 의회에 있는 이스라엘의 친구들이 보기에 이스라엘이 자신의 안보를 위협한다고 판단하는 이란의 핵능력 강화 계획에 대해 헤이글이 원하는 만큼 강경한 입장을 보이지 않는다는 것이 이유였다. 의회 분위기만 보면 향후 대통령이 국가안보팀의 고위직들을 지명할 때는 미국 상원의 인준에 앞서 이스라엘 매파들의 승인을 먼저 받아야 할 것 같다.

이처럼 팔레스타인 영토를 식민지화하는 데만 열을 올리는 이스라엘 정부와, 이스라엘의 정착 활동이 중지되지 않으면

---

19 이스라엘의 로비가 끼치는 영향과 미국의 중동 정책에 미치는 왜곡 현상에 대해서는 다음 책을 참조하라. 존 J. 미어샤이머와 스티븐 W. 월트, 《이스라엘의 로비와 미국의 외교정책》, 파라, 스트로스 앤 지록스, 2008년.

협상에 응하지 않겠다는 팔레스타인 자치정부와, 이스라엘과 팔레스타인 간 평화를 모색하는 데 있어 서로를 정당한 상대로 인정하지 못하겠다는 하마스와 이스라엘 등, 장기화된 교착상태에 빠진 이스라엘-팔레스타인 관계라는 맥락 속에서 북아프리카에서부터 비옥한 초승달 지역까지 이르는 아랍 세계에 민주화를 요구하는 봉기들이 터져 나왔다. 이 봉기들에는 이스라엘과 팔레스타인 관계의 다양한 층위와 특히 하마스와 파타 간 균형에 좌지우지되는 팔레스타인 영토 내부의 정치에 충격을 줄 수 있는 잠재력이 있었다. 그 잠재력의 많은 부분은 이스라엘의 점령에 대한 입장과 파타와의 관계 양쪽 모두에서 하마스에 공감했던 이집트의 선출된 정부를 축출한 군사쿠데타와 시리아내전의 결과로 흐지부지돼버린 듯하다.

아랍 봉기의 충격

아랍 봉기가 이스라엘-팔레스타인 방정식에 직접 가한 주요한 충격은 이집트에서 무바라크 정권이 제거되고 무슬림형제단이 이끄는 민주적으로 선출된 정부가 (2013년 7월에 군부에 의해 축출되긴 하지만) 그 자리를 대체한 데서 야기되었다. 무르시 정부가 이집트의 대이스라엘 정책 방향을 근본적으로 바꿀 수 있는 위치에 있었다는 말은 아니다. 무르시 정부는 두 가지 중요한 이유 때문에 이집트-이스라엘 평화 조약을 고수했다.

첫째, 보유하고 있는 무기 체계가 상대적으로 취약한데다 이스라엘이 미국으로부터 선진 무기와 재정적 보조를 받고 있는 현실을 잘 아는 이집트 군부는 이스라엘에 대해 자칫 전면전으로 확산될 가능성이 있는 군사적 적대 행동을 채택할 수도 없고 채택할 의향도 없었다. 둘째, 민간 정부 또한 이집트가 미국과 그 동맹국들이 지배하는 국제 금융기구들에 재정적으로 의존하고 있는 현실을 알고 있었다. 또한 미국이 이집트에 얼마나 많은 재정적, 군사적 지원을 해줄 것인가가 이집트가 이스라엘과의 평화조약을 얼마나 충실하게 따르는지에 직접적으로 달려있으며, 카이로가 이스라엘에 적대적인 태도를 취하는 즉시 미국의 지원이 끊기리라는 사실도 잘 알고 있었다. 따라서 무슬림형제단이 정권을 잡는다 해서 이집트가 이스라엘과의 평화조약을 공식적으로 파기할 가능성은 거의 없었다.

그러나 하마스가 지배하는 가자 지구를 향한 카이로의 태도와 이집트와 이스라엘 관계를 둘러싼 우호적인 분위기에는 감지할 수 있는 변화가 있었다. 이런 변화에는 두 가지 주요한 이유가 있었다. 첫째, 이집트의 대중 여론이 눈에 띄게 반이스라엘 경향을 띠었기 때문에 대중에 의해 선출된 정부라면 어떤 정부든 그런 대중의 태도를 반영하고 있을 수밖에 없었다. 2012년에 퓨리서치센터에서 실시한 글로벌 성향조사는 이집트인 세 사람 중 두 명이 이스라엘과의 평화조약을 파기하고 싶어 한다고 결론지었다.[20] 동시에 메릴랜드대가 발표한 연례 이집트 여론조사 결과는 이집트인들의 94%가 자기 나라에 가장 큰 위협이 되는 두 국가 중 하나로 이스라엘을 꼽았다. 다른 한 국가는 응답자의 80%가 위협적이라고 인식한 미국이었다.[21]

둘째, 이집트 무슬림형제단은 팔레스타인 무슬림형제단과 이념적으로 매우 밀접한 유사성을 가지고 있었다. 이집트

---

20 http://www.pewglobal.org/2012/05/08/chapter-5-views-of-the-united-states-and-israel/ (2013년 8월 27일 접속).

21 자세한 내용은 http://www.brookings.edu/~/media/research/files/reports/2012/5/21%20egyptian%20elections%20poll%20telhami/egypt_poll_results (2013년 8월 27일 접속)을 참조하라.

와 붙어 있는 가자 지구를 통제하는 하마스는 앞서 언급했던 것처럼 팔레스타인 무슬림형제단의 정치조직이었다. 하마스와 이스라엘의 적대적 관계와 산발적인 상호 충돌, 그리고 결국 2012년 11월에 이스라엘이 가자 지구에 가한 폭격을 고려했을 때, 이집트 무슬림형제단이 자신의 유권자들 앞에서 무조건적으로 이스라엘과 평화적인 관계를 맺어나가겠다고 당당하게 밝히기는 어려웠을 것이다. 무르시 대통령이 하마스와 이스라엘 사이에서 중재자 역할을 하며 2012년 11월 분쟁이 종식되도록 돕긴 했지만, 무슬림형제단 입장에서는 미래에 하마스와 이스라엘 사이에 분쟁이 발생할 경우 둘 사이에서 등거리 외교정책을 펼치기가 몹시 어려워졌을 것이다.

게다가 이집트에서 대중에 의해 선출된 정부라면 어느 정부라도 무바라크 정권이 2007년부터 2011년까지 그랬던 것처럼 이스라엘에 협력하여 가자 지구에 있는 하마스 정부를 사실상 봉쇄하면서 압박할 수는 없었을 것이다. 민간 정부라면 이집트와 가자 지구를 잇는 터널들을 통해 하마스가 전면적으로 재무장하도록 내버려두기는 좀 마뜩찮을 수 있지만, 이집트를 통해 인도적인 차원의 민간용 물품들에 더해 어느 정도의 군사용 물품이 하마스 수중에 들어가는 것은 허용했을 법하다. 민선 정부에 대한 이집트 국민들의 신뢰를 어느 정도 유지하기 위해서라면 그렇게 할 수밖에 없었을 것이다. 바로 이 점이 이스라엘이 왜 그처럼 강력하게 이집트의 군사쿠데타를 지지했는지, 그리고 선출된 정부를 군대가 무력으로 축출했다는 부정적인 사건을 무마하고 군부가 세운 이집트 군사정부를 보호하려고 왜 그처럼 열심히 워싱턴에 로비를 펼쳤는지 설명해준다. 이스라엘이 수십 년간 협상 대상자로 다뤄왔던 이집트 군부는 의심할 바 없이 이스라엘이 이집트에서 가장 선호하는 자신의 후원자였다.

그러나 어떤 카이로 정부라도 시나이와 가자 지구를 가르는 14.5킬로미터 국경 밑에 난 400여 개 터널을 오가는 무기 거래를 포함한 밀수를 완전히 중단시킬 수는 없다. 무바라크 정권이 몰락하고 국가 권력이 쇠퇴하면서 밀수꾼들은 좋은 기회를 잡았고, 알카에다와 연계된 극단주의자들이 그 지역에 침투하는 것도 용이해졌다. 극단주의자들은 자기 나름의 반이스라엘 의제들을 가지고 있는데다 하마스가 이 유대 국가를 너무 온건하고 타협적으로 다룬다고 판단하고 있으며, 하마스가 통제하는 가자 지구를 보다 급진적으로 만드는 데 관심을 갖기 때문에 이런 상황은 이집트의 대이스라엘, 대하마스 관계 모두를 더 복잡하게 만들었다.

처음에는 아랍의 봄도 팔레스타인 점령지들에서 하마스와 파타 간 균형을 변화시키는 위협요인이었다. 하마스는 무슬림형제들이 카이로에서 정권을 잡고 있는 동안 자신의 지지자였던 시리아를 내주고 이집트를 새로운 지지자로 맞아들였다. 2011년 중반부터 시리아를 집어삼킨 폭력사태와 하마스의 이념적 형제라고 할 수 있는 시리아 무슬림형제단이 반아사드 운동의 주요 구성원으로 그 폭력사태에 개입한 것, 그리고 시리아에서 일어난 민주화 운동에 전반적으로 공감하는 팔레스타인 여론 덕분에 하마스는 아사드와 거리를 두고 다마스쿠스에 있던 망명 본부를 다른 곳으로 옮기게 되었다. 하마스 정치국장이자 몇 년째 시리아에 망명해 살고 있던 칼리드 마샬은 2012년 1월에 다마스쿠스를 떠나 카타르로 향했다. 하마스와 시리아의 결별은 하마스 소속 가자 총리인 이스마일 하니야가 2012년 2월에 카이로에 있는 유명한 알 아즈하르 모스크에서 아사드 정권을 신랄하게 비난하고 시리아 민주화 운동에 대한 지지를 거침없이 쏟아내는 연설에서 정점에 달했다. 그의 연설은 한편으로는 아사드 정권이 하마스 망명 지도부를 못살게 굴며 자신의 정적들에 대항하여 자신을 지지하는 행동에 나서라고 압박했던 결과이기도 했다.

아사드 정권을 비난하고 시리아 본부를 폐쇄한 조치는 시리아, 이란, 레바논 헤즈볼라 등과 함께 이스라엘에 대항하는 저항 전선의 일원인 것을 자랑스럽게 여겨왔던 하마스로서는 급격한 결별이었다. 카타르, 더 정확하게 말하자면 카타르와 반아사드 동맹을 맺고 있는 사우디아라비아는 파타가 이끄는 팔레스타인해방기구를 지지할뿐더러 시리아 정권의 주요 지역 동맹국인 이란에 적대적이다. 그러므로 망명 본부를 카타르로 옮기자는 하마스의 결정은 시리아와의 결별을 알리는 신호일 뿐만 아니라 자신의 운동을 정치적으로나 재정적, 군사적으로 지지해주었던 이란과의 관계를 격하시킨 것일 수도 있다는 신호였다.

그러나 초기에 하마스는 가자 지구에 연한 이웃나라의 권력을 무슬림형제단에게 가져다 준 이집트 정권교체로 이런 손실을 부분적으로나마 메웠다. 앞에서 말한 대로 이집트 무슬림형제단은 하마스와의 이념적 유사성과 하마스에 대한 이집트인들의 대중적인 공감을 한쪽에 놓고 이스라엘과의 평화조약을 따르겠다는 약속과 미국의 원조를 받아야 할 필요성을 다른 한쪽에 놓은 채 그 사이에서 노련하게 균형을 잡아야 했던 것이 사실이다. 그럼에도 불구하고 무르시 대통령과 무슬림형제단이 권력을 차지하고 있는 동안 이집트 정부가 하마스에 공감하고 있었다는 사실은 분명하다. 2013년 7월의 군사쿠데타로 상황은 극적으로 바뀌었다. 군사쿠데타로 이집트와 가자 지구 사이의 국경이 봉쇄됐을 뿐만 아니라 군사정부는 가자 지구와 이집트를 연결하는 지하 통로 무역의 대부분을 차단함으로써 가자 지구의 경제적 생명줄을 끊는 데까지 이르렀다. 가자 지구와 이집트 간 인적 이동도 급격하게 줄어들어서 가자 지구 주민들이 이미 직면하고 있던 인도주의적 위기가 심하게 악화되었다. 상황은 사실상 가자 지구가 이스라엘과 이집트 양쪽에 포위됐던 무바라크 정권 때로 돌아간 것처럼 보인다.

무슬림형제단이 주도하는 민선 정부가 집권하고 군사적 무력에 의해 축출된 사건 모두가 하마스와 파타 사이의 평형 상태에 영향을 미쳤다. 무바라크 시절 이집트 정부가 공공연하게 하마스를 반대하고 파타를 지지한 데에 반해 무르시 정부는 둘을 공평하게 대하는 전략을 채택했고, 경쟁적인 당파 사이에서 팔레스타인 통합 논의를 이끌어내는 성실한 촉매제 역할을 시작했다. 이 논의의 마지막 협상이 2013년 1월에 카이로에서 열렸다. 점점 격화되는 카이로의 정치적 위기가 쿠데타로 이어지면서 팔레스타인 통합 협상도 다시 소집되지 못했다. 서안 지구와 가자 지구의 통합 논의는 지금껏 진척된 것이 별로 없다. 군사정권하의 이집트가 보다 친파타적인 입장으로 회귀하리라 예상하는 것이 적절할 것이므로 이 사안에 대해 모종의 변화가 일어날 가능성은 적다. 군부가 세운 정권과 이집트 정부가 통제하는 언론이 하마스가 무르시 축출 이후에 무르시 추종자들에 대한 지원을 확대했다고 주장하며 하마스가 이집트 내정에 간섭했다고 혹독하게 비판하는 것에서 이런 회귀가 일어나고 있는 조짐을 볼 수 있다. 더욱이 현 이집트 정부가 사우디아라비아와 특히 쿠웨이트와 아랍에미리트와 같은 페르시아 만 유역의 사우디아라비아 동맹국들에게 심하게 의존하는 형태로 경제를 꾸려가고 있다는 점을 감안한다면, 이집트로서는 리야드가 저주받은 존재로 여기는 무슬림형제단 분파인 하마스를 멀리하고 파타를 지원하는 사우디아라비아의 안내에 따를 수밖에 없을 것이다.

무바라크가 축출된 사건이 파타에게는 커다란 타격이었지만, 이집트 군부가 다시 정권을 잡으면서 두 친구, 시리아와 이집트를 연이어 잃은 하마스가 경제적, 정치적 압박에 시달리게 되자 파타로서는 어느 정도의 유예기간을 갖게 되었다. 그러나 대부분의 팔레스타인인들이 파타가 지배하는 팔레스타인 자치정부를 이스라엘에 대항하기에는 허약할 뿐만 아니라 사실상은 이스라엘을 대신해 다루기 힘든 서안 지구 주민들을 통제하는 대리자라고 인식하는 한 가장 근본적인 파타의 딜레마는 해결되지 않는다. 이런 대중적 인상은 팔레스타인 자치정부가 재정적으로 이스라엘에 의존하고 있다는 점에서 더욱 증폭된다. 이스라엘은 팔레스타인 자치정부의 세금 징수원 역할을 담당하고 또 팔레스타인 자치정부로 유입되는 자금의 이동을 승인하거나 때로는 보류한다. 게다가 팔레스타인 자치정부의 치안 병력은 서안 지구 팔레스타인 주민들을 통제하기 위해 이스라엘 치안 병력들과 협조하에 움직인다. 팔레스타인 자치정부가 이스라엘과 대면해서 할 수 있는 일은 탄원이지 싸움은 아니다.

그러나 팔레스타인 자치정부의 이스라엘에 대한 태도는 팔레스타인 현장의 실상을 반영하지 못한다. 협상을 통해 분쟁을 종식시킬 수 있는 전망은 후퇴했고 지지부진한 평화 협상과 계속되는 유대 식민지화에 대한 팔레스타인인들의 불만이 증폭되면서 서안 지구에서는 방심한 팔레스타인 자치정부와 이스라엘 양쪽을 모두 겨냥한 세 번째 팔레스타인 인티파다가 일어날 조짐마저 보인다. 2012년 11월 분쟁 당시 어마어마한 군사적 우위에다 가자 지구에 대한 제공권까진 가진 이스라엘을 상호 진퇴양난의 궁지에 빠지게 했던 하마스의 저항뿐만 아니라 다른 아랍 국가에서 일어난 민주화 봉기들도 십년이 넘도록 상대적으로 조용했던 서안 지구에 또 한 번의 팔레스타인 봉기를 촉발할 수 있다. 폭력적인 측면과 비폭력적인 측면을 모두 가지고 있을 것으로 예상되는 이런 봉기가 하마스가 지배하는 가자 지구와 이스라엘 간에 또 다른 총격전을 야기하여 지역 전체를 더 거대한 혼란 속으로 밀어 넣을 수도 있다. 아랍 정권들, 특히 이집트와 요르단조차 이번에는 아무리 내키지 않더라도 어느 한쪽을 선택할 수밖에 없게 될 것이다.

불씨는 이미 충분하다. 이스라엘이 구금하고 있던 팔레스타인인 죄수가 죽거나 이스라엘 군인들이 돌을 던진 팔레스타인 청소년을 사격하는 사건 하나가 세 번째 인티파다를 일으키는 불꽃이 될 수 있다. 파타가 지배하는 팔레스타인 자치정부가 갈수록 팔레스타인 국가의 해방자가 아니라 서안 지구에서 이스라엘을 보호하는 경호원으로 인식돼가는 사실을 감안하다면 다음 번 인티파다는 이스라엘은 물론 팔레스타인 자치정부까지 겨냥하게 될 가능성이 크고, 하마스에게 유리한 영향을 줄 것이다. 팔레스타인 자치정부 대통령인 마무드 아바스와 짧은 기간에 연이어 두 명의 총리를 잃은 그의 정부가 이스라엘과 하마스에 대한 분명한 정책을 그려내지 못한 채 막다른 골목에 처했다는 사실은 분명하다.

지금까지 봤듯이, 아랍 봉기와 지역적 환경의 변화들 덕분에 하마스와 파타는 어느 정도 원기를 회복할 수 있었다. 하마스는 자신을 제외한 모든 당파들이 참여하는 팔레스타인 단체들의 포괄 조직인 팔레스타인해방기구에 참가했을 뿐만 아니라 가자 지구와 서안 지구의 통합을 놓고 이집트가 중재한 협상에도 참여했다. 양측이 각자 통제하고 있는 지역에 대한 독점적 권력을 포기하기를 꺼리는 바람에 지금껏 이 협상은 결론이 나지 않았다. 서안 지구에서 하마스가 펼치는 공적인 활동들과 가자 지구에서 파타가 시행하는 유사한 활동들에 대한 금지 조치가 조금 완화되긴 했지만 이런 조치들도 두 팔레스타인 점령지의 통합을 향한 구체적인 움직임으로는 이어지지 못했다. 그러나 지금 하마스가 직면하고 있는 문제들에도 불구하고 시간이 경쟁자인 파타의 편이 아니라는 사실이 갈수록 분명해지는 듯하다. 파타는 팔레스타인과 아랍의 여론이라는 장애물에 가로막혀 계속해서 하마스에게 입지를 내주고 있다. 그 결과 이스라엘과 미국은 곧 이스라엘－팔레스타인 분쟁을 끝내기 위해 직접 하마스와 협상을 해야 할 처지에 몰리거나, 서안 지구에서 거대한 반란이 일어나고 이스라엘과 가자 지구 간에도 유사한 분쟁이 이어질 가능성에 직면할지도 모른다. 도화선은 지금도 타들어가고 있다.

두 국가 해법의 종말

시간은 두 국가 해법의 편이 아니다. 팔레스타인인들과 이스라엘인들 모두가 두 국가 해법에 흥미를 잃었을 거라는 사실이 갈수록 아주 명백해지고 있다. 점점 우편향으로 기우는 이스라엘의 입장과 이스라엘의 오랜 경호원인 파타, 무엇보다 현장과 거의 유리돼 있는 마무드 아바스와 함께 이스라엘과 나란히 팔레스타인 국가가 세워질 전망은 빠르게 사라지고 있다. 강경노선을 추구하는 민족주의 정당인 '베이트 예후디(유대인 가정)' 당 총재인 이스라엘 경제장관 나프탈리 베네트는 다음과 같이 퉁명스럽게 현 이스라엘 정부 내부의 주류 의견을 요약했다. "이스라엘에 팔레스타인 국가가 세워진다는 발상은 막다른 길에 다다랐다. ...... 이스라엘 역사상 그처럼 많은 사람들이 그처럼 많은 에너지를 그처럼 무의미한 일에 쏟아 부은 적이 없다. ...... 이스라엘의 땅을 위해 가장 중요한 일은 (유대인 정착촌을) 건설하고 또 건설하고 또 건설하는 일이다."[22]

이스라엘 내부에서, 특히나 이스라엘 정부 내에서 입지를 굳혀가고 있는 이런 시각은 이스라엘과 점령된 팔레스타인 영토들 전역에 끔찍한 내전의 가능성을 열어놓았다. 갈수록 결론이 분명해지는 듯하다. 어떤 성격의 국가가 될지는 모르겠지만 영국의 위임통치를 받았던 팔레스타인 지역에는 단 하나의 국가만 있게 될 것이다. 이 국가는 우월한 유대인과 열등한 팔레스타인인 관계, 다른 말로 하자면 아파르트헤이트에 기초하게 될 가능성이 크다. 시민 모두에게 동일한 정치적, 사회적 권리를 부여할 경우에는 이 나라가 계속해서 이스라엘이라고 불린다 하더라도 배타적인 유대주의 성격을 잃게 될 것이며 시온주의 목표들과 성과들에 반하는 이런 결과를

22 나프탈리 베네트, 〈이스라엘 경제부장관, 팔레스타인 독립국 지위가 '막다른 골목'에 처했다고 말하다〉, 《허핑턴포스트》, 2013년 6월 17일자. http://www.huffingtonpost.com/2013/06/17/naftali-bennet-palestinian-state_n_3453048.html (2013년 8월 23일 접속).

이스라엘의 유대인 인구 대다수가 인정할 리가 없을 터이다.

앞에서 얘기한, 지금 이스라엘이 취하고 있는 정책적 궤적의 결과가 될 이 개연성 높은 아파르트헤이트 국가는 요르단 강과 지중해 사이 땅에 위치한 두 나라 사이에 벌어지고 있는 영원한 분쟁을 끝낼 수 있는 분명한 처방일 것이다. 이 처방은 국제사회에서 이스라엘을 추방하는 이유가 될 뿐만 아니라 세계적인 불명예의 원인이 될 것이며, 유엔 안전보장이사회 거부권을 가진 미국조차도 이런 결과를 막아낼 수는 없을 것이다. 더 나아가 두 민족으로 구성된, 분리정책을 쓰는 이스라엘 내부에서 벌어질 분쟁은 국경을 넘어 밖으로 흘러넘치게 되어 있고, 하나 또는 연속되는 심각한 국지전을 촉발할 것이다. 팔레스타인 땅을 유대인의 식민지로 만드는 작업을 중단하기를 단호하게 거부하는 이스라엘을 감안할 때, 만약 이런 시나리오가 펼쳐진다면 중동은 붕괴를 향해 커다란 한 걸음을 떼게 될 것이다. 이런 경우에 중동에서 이스라엘의 친구이자 지지자로 비춰지는 미국과 다른 서구 강대국들은 아랍 세계에서 폭발할 분노의 정당한 표적이 되어 이 지역에 갖고 있는 전략적, 경제적 이해관계에 극도로 유해한 타격을 입을 것이라 예상할 수 있다.

제4장

지역적 · 국제적
경쟁자들

이스라엘-팔레스타인 분쟁은 아랍의 봄과는 구분되는 별도의 생명을 가졌다. 이와 대조적으로 최근에 아랍 세계에서 일어난 격변들과 중동을 무대로 날로 격해져 가는 지역적, 국제적 강대국들 간 경쟁이 맺고 있는 관계는 보다 직접적인데다 알아보기도 쉽다. 아랍 각국에서 일어난 봉기들은 정치적 억압과 경제 침체, 시민의 권리 부정과 같은 저마다의 국내적 맥락으로부터 촉발됐다. 그러나 과거에도 그랬지만 지금도그 봉기의 결과들은 국가의 범위를 뛰어넘어 더 넓은 지역적, 국제적 환경의 영향을 받는다. 특히 주요한 지역 강대국들은 물론 중동 지역에 중요한 군사적, 경제적 이해관계가 걸려 있는 지역 외부 강대국들의 작용과 반작용이 그 결과를 결정하거나 아니면 최소한 커다란 영향을 주고 있다.

시리아의 군사적, 정치적 교착상태, 바레인의 민주화 운동좌절, 예멘의 불확실한 미래, 리비아의 혼란스럽고 지지부진한 정권교체 과정, 선출된 정부 축출로 이어진 이집트의 군사쿠데타, 모두가 정도는 다르지만 그 변화의 과정에서 지역적, 세계적 강대국들이 취한 태도와 잦은 개입의 영향을 받아왔다. 그 결과 몇몇 경우는 내부 정치주체들의 목표와 의제와는 다른, 저마다의 목표와 의제를 가진 외부 세력들이 개입해 자생적인 정치변화의 동력을 전복시키기도 했다.

튀니지와 이집트가 중동 지역 전체를 선도해 민주화된 미래를 향해 나가고 있는 것처럼 보였던 아랍의 봄 초기에는 많은 사람들이 아랍의 봄이 자주적으로 진행되리라 믿었다. 그러나 아랍의 봄은 절대 자주적으로 진행되지 않았다. 민주주의를 요구하는 바레인 운동에 대한 탄압과 몇몇 희망적인 신호들에도 불구하고 미해결인 채로 남겨진 예멘의 성과에 대한 외부적 조작, 그리고 리비아 내전은 아랍의 봄이 진행되는 과정이 절대 외부의 개입으로부터 안전하지 않았음을 나타내는 지표들이었다. 정치적으로 대립한 양측에 외부 세력들이 개입하면서 유혈이 낭자한 내전으로 전환된 시리아 봉기는 자체적인 이해관계와 목표들을 가진 주요한 외부 주체들이 아랍 봉기의 성패를 결정할 능력이 있다는 사실에 어떠한 의문의 여지도 남겨주지 않았다.

그러므로 드물지 않게 내부적 갈등들을 악화시키고 민주적이고 열린사회로의 변화 과정을 엄청나게 복잡하게 만들었던 외부 세력들의 이해관계와 정책, 정치적이고 군사적인 개입을 고려하지 않고서는 아랍 봉기들과 그 예상 결과들에 대해 완전한 그림을 그릴 수 없다. 몇몇 경우에는 외부세력이 개입하면서 국가적 봉기를 중동 지역 전체를 아우르는 분쟁의 소지로 바꿔놓았는데, 그중 일부는 세계적으로도 상당한 악영향을 줄 수 있다. 이들을 차례대로 꼼꼼하게 살펴보도록 하자.

이집트

예멘과 리비아, 바레인, 시리아 사례는 아랍 세계에서 일어나는 반정부 봉기에 외부의 개입이 얼마나 중요한 역할을 하는지를 분명하게 입증해준다. 이들 경우는 모두 정권을 방어하거나 정권을 변화시키려는 투쟁에 가담한 국가 내부 세력들과 비교했을 때 외부의 개입이 동등하거나 오히려 더 강력한 힘을 발휘하며 사태의 경과를 결정지었다. 그러나 내부 동력인 타흐리르 시위가 주로 무바라크 독재 청산을 겨냥했던 이집트의 경우에서조차 반무바라크 시위가 벌어지는 내내 미국 정부가 이집트 봉기에 대해 모르고 있었다는 사실이 분명한데도 모든 시선은 워싱턴에 집중되었다. 통찰력 있는 관찰자들이 보기에 미국이 무바라크 정권을 구하기 위해 개입하는 걸 꺼려하지 않았다면 무바라크가 그처럼 빨리 그처럼 철저하게 몰락하지는 않았을 것이 분명했다.

무바라크 축출에 이어 등장한 주요 정치 단체들, 특히 주도적인 정치세력으로 부상한 무슬림형제단의 지도자들이 미국과 사우디아라비아, 이스라엘의 이해관계와 그들이 이집트의 미래에 어떤 영향을 줄 것인지를 명확하게 알고 있었다는 사실 역시도 명백했다. 미국의 군사적 원조는 1987년 이후 매년 13억 달러(약 1조5천억 원)에 달했는데, 이는 이집트가 이스라엘과 맺은 평화 조약에 대한 보수인 동시에 권위적인 무바라크 정권을 떠받치기 위한 용도였다. 무바라크 이후의 정부로서는 이 원조가 끊기면 군부의 불만이 끓어올라 선거로 뽑힌 정부의 존재를 위협하게 될 가능성을 우려할 수밖에 없었고, 어떻게든 이 원조가 계속 이어지도록 만드는 일이 필수적인 과제였다. 그러나 이 전략은 결국 군사쿠데타에 의해 민선정부가 축출되는 사태를 막는 데는 실패했다.

이와 유사하게 사우디아라비아는 무바라크가 축출된 직후

군사협의체인 군최고위원회SCAF가 권력을 잡고 있던 이집트에 20억 달러(약 2조3천억 원)의 원조를 제공했는데, 덕분에 리야드가 이집트에 군부 통치가 계속되는 것을 선호한다는 소문이 널리 퍼졌다. 사우디 정권은 2013년 7월에 일어난 이집트 군사쿠데타에 전폭적인 지지를 보냄으로써 이를 입증했다. 이집트 민주화에 대한 리야드의 반감에는 두 가지 주요한 이유가 있었다. 첫째, 사우디는 혁명적 기운이 이집트를 넘어 확산되는 것을 원치 않았고, 이집트 군부가 혁명 운동에 재갈을 물릴 수 있으리라고, 또는 어쩌면 민주화 과정을 무산시킬 수 있으리라고 믿었다. 둘째, 사우디는 무슬림형제단 정부가 카이로에서 권력을 잡는 것에 반대했는데, 대중들을 정치에, 특히 권위적인 정권에 대항하는 정치에 동원하는 수단으로 이슬람주의 수사들을 이용하는 그 당의 선전 문구들을 혐오했기 때문이었다. '이슬람주의적' 신뢰에서부터 자신의 정당성을 끌어올 뿐 아니라 백성들 사이에 정치적 순종과 사우드 가문에 대한 무조건적인 충성이 배어들게 하는 데 이슬람을 이용해온 사우디 정치 체제로서는 이집트 무슬림형제단의 이슬람주의 구호들이 대단한 위협으로 여겨졌다. 앞에서 얘기했듯이 사우디아라비아가 국가 차원에서는 첫 번째로 반무르시 쿠데타를 인정하고 사우디 왕가가 무바라크 정권의 잔당이자 군부가 지명한 임시 대통령 아들리 만수르에게 별도로 축전을 보낸 건 우연이 아니었다.

무슬림형제단과 사우디 정권의 근본적인 이념적 차이에도 불구하고 이집트가 경제적으로 사우디아라비아에 의존하고 있다는 점, 특히 할인가에 제공받는 석유와 그 왕국에서 일하는 수많은 이집트인 노동자들이 본국으로 보내오는 외화 송금액에 대한 의존 때문에 무르시 정부는 사우디 정권의 기분을 거스를 수 없었다. 그 대가로 사우디아라비아와 풍부한 석유 매장량을 자랑하는 초소형 왕국인 카타르가 140억 달러(약 1조6천억 원) 규모라고 알려진 현금을 이집트 금고에 쏟아 부었다.[23] 무르시가 축출되기 전에 이 원조금액의 어느 정도가 실제로 이집트에 가닿았는지 알기는 힘들지만, 이집트가 파산하고 그것이 그때까지 혁명 기운에 노출되지 않은 채 남아 있던 아랍 국가들에서 반정권 운동들이 강화되는 사태의 전주곡이 되는 더욱 불안한 상황으로 이어지지 않도록 막기 위한 것임은 분명했다.

23　마리나 오타웨이, 〈누가 이집트를 구할 것인가? 카이로의 경제실패와 복구 노력〉, 《외교》, 2013년 6월 30일자. http://www.foreignaffairs.com/articles/139543/marina-ottaway/who-will-save-egypt (2013년 8월 30일 접속).

이집트-이스라엘 평화조약을 유지하는 것이 안와르 사다트★ 시절 이래로 카이로가 워싱턴과 맺은 정치적, 재정적 협상의 필수불가결한 전제로 여겨졌기 때문에 무르시가 대통령으로 있던 시기에도 이집트의 대이스라엘 관계에는 주요한 제약 사항들이 걸려 있었다. 제3장에서 다뤘던 대로 무슬림형제단이 지배하는 이집트 정부가 이념적 사촌인 하마스와 가자 지구 문제에서 하마스를 지지하는 이집트 대중들을 한 편에 놓고, 다른 한 편에는 미국-이집트 관계에 영향을 줄 정도로 이스라엘에 거리를 두지는 말아야 할 필요성이 있는 채 그 사이에서 아슬아슬한 외줄타기를 해야 했다는 사실은 분명하다. 2012년 11월에 이스라엘과 하마스 간 휴전을 중재하려던 무르시 정부의 열성적인 시도는 만약 이스라엘이 가자에 지상군을 투입할 경우 이집트 정부는 여론 때문에라도 반이스라엘 입장을 취해야 할 것이고, 그러려면 예외 없이 평화

★ 안와르 엘 사다트(1918~1981)는 이집트의 제3대 대통령을 지낸 군인이자 정치가이다. 1950년에 나세르가 지휘한 자유장교단에 가입하여 무함마드 알리 왕조를 전복하는 군사쿠데타에 가담했다. 1970년에 제1대, 제2대 대통령이었던 나세르가 갑자기 사망하자 1970년부터 이집트의 대통령이 되어 독재적인 성격을 더욱 강화하였다. 1973년에 시리아와 함께 이스라엘을 공격하여 제4차 중동전쟁을 이끌었고, 1976년에는 소련과의 우호조약을 파기하고 미국 쪽으로 외교 노선을 틀었다. 1976년에 대통령에 재선된 후 1977년에 이스라엘을 처음으로 국빈 방문하였고 아랍과 이스라엘 간 평화노선을 추구하기 시작했다. 1978년에 미국의 중재로 이스라엘이 점령하고 있던 시나이 반도를 돌려받았고, 1979년에는 미국 워싱턴 DC에서 이스라엘과 평화협정을 맺었다. 다른 아랍 국가들은 이를 비난하며 사다트를 '아랍 세계의 배신자'라고 여겼다. 1981년에 군사 퍼레이드 중에 이슬람 원리주의자에게 암살당했다. - 옮긴이

조약 폐기와 같은 상징적 조치를 취해야 할 것이며, 그럴 경우 카이로와 워싱턴 관계에 부정적인 영향을 줄 것이라는 이집트 정부의 판단이 주요하게 작용했다. 그러나 무슬림형제단이 경계에 서서 내린 이런 정책들은 이스라엘 정부에는 별 효과가 없었다. 이스라엘 정부는 전통적으로 과거 이집트 군부 및 정보부 관리들과 훨씬 원활한 관계를 맺어왔고, 무슬림형제단 정부보다는 이집트 군부가 팔레스타인 하마스에 대해 훨씬 강경한, 사실상은 적대적인 입장을 취하고 있다고 판단했기 때문에 2013년 7월에 일어난 군사쿠데타를 환영했다.

미국은 그런 의존적 관계들이 무슬림형제단이 움직일 수 있는 운신의 폭을 제약하고 있다는 점과 그 좁은 폭 안에서나마 움직이려는 무슬림형제단의 의지를 훤히 아는 듯했다. 군사쿠데타가 일어나기 전에 미국이 무르시 정부와 군부의 지지를 받는 반대파들 사이에서 타협을 이끌어내기 위해 개입을 시도했고, 무슬림형제단에게 이미 기정사실이 된 현실을 받아들이고 새로운 체제를 인정하라고 구슬리려 했다는 믿을 만한 소식들이 쿠데타 직후에 나왔었다.[24]

24   데이비드 D. 커크패트릭, 메이 엘 셰이크, 〈무르시, 거래를 거부. 군부가 길들여졌다고 판단〉, 《뉴욕타임즈》, 2013년 7월 6일자. http://www.nytimes.com/2013/07/07/world/middleeast/morsi-spurneddeals-to-the-end-seeing-the-military-as-tamed.html?ref=global-home&_r=0. 데이비드 D. 커크패트릭, 카림 파힘, 〈무슬림형제단, "미 외교관들이 무르시 축출을 받아들이라고 종용"〉, 《뉴욕타임즈》, 2013년 7월 7일자. http://www.nytimes.com/2013/07/08/world/middleeast/egypt.html?ref=middleeast (모두 2013년 8월 30일 접속).

예멘

　　외부 요인들이 이집트의 정권 교체와 봉기의 결과와 2013년 7월 군사쿠데타의 정당화에 미묘한 방식으로 영향을 주었다고 한다면, 예멘의 정권 교체 과정에 외부 요인들이 미친 영향은 보다 분명하게 눈에 보이는 것이었다. 외부의 개입에 취약한 고질적인 예멘의 특성 때문이기도 했고, 1990년에 단일한 예멘 국가를 건설하자는 남예멘과 북예멘 간 통합 합의가 있은 뒤로 지난 20여 년 동안 이 나라에 팽배했던 불안과 내부 분쟁의 탓이기도 했다. 상당히 많은 남예멘 구성원들은 수도 사나에 집중돼 있는 북부 엘리트들이 지배하는 연방을 진정으로 인정하고 받아들이지 못했다. 1978년부터 북예멘을 지배하다가 1990년에 통일 국가의 대통령이 된 이후로 반대파들을 잔혹하게 진압한 알리 압둘라 살레흐의 손아귀에 갈수록 권력이 집중된 것도 예멘 내부의 지역 간 반목을 더욱 확대시켰고, 결국 1994년 내전으로 이어졌다. 그 내전에서 북측이 승리를 거두긴 했지만 패배한 남측에는 불만스러운 분위기가 남았다. 예멘은 그 내전 이후 20여 년 동안 계속해서 지역적 분열과 부족 간 분리를 초래했고, 그 결과 이 나

라에 전략적, 경제적 이해관계를 가진 외부 강대국들의 개입이 용이해졌다.[25]

역으로 외부의 개입은 예멘의 지역 간, 부족 간, 종파 간 분리를 확대시키는 데에 적지 않은 역할을 했다. 무엇보다 사우디아라비아가 수십 년 동안 예멘 사안들에 개입해왔다. 1960년대에 이집트의 지원을 받은 아랍 민족주의 군 장교들이 쿠데타를 일으켜 이맘을 폐하고 공화국을 수립하자 사우디아라비아는 그들에 맞서는 왕정주의 세력들에게 무기와 자금을 제공했다. 사우디는 최근까지도 보수적인 부족 지도자들과 종교 지도자들을 계속해서 지원하는 동시에 이들과 종종 불화를 겪고 있는 권위적인 살레흐 정권도 지지하고 있다.

미국은 특히 2000년에 알카에다와 연계된 공작원들이 USS 콜 함에 폭탄 테러를 가한 사건 이후로 예멘 사안에 개입해왔다. 워싱턴은 알카에다에 대항하는 데에 협력자가 돼줄 것이라 판단하고 살레흐 정권을 지지했는데, 살레흐는 미군이 원격조종하는 드론 등의 수단을 이용해 알카에다 요원들을 추적할 수 있도록 실로 상당한 재량권을 워싱턴에 허용했다. 역설적이게도 이 나라에 팽배한 무정부상태와 드론 공격이 낳

---

25 자세한 내용은 다음을 참조하라. 스티븐 W. 데이, 《예멘 지역주의와 반란–위협받는 국가연합》, 캠브리지대 출판부.

은 민간인 희생자들 탓에 예멘인들 사이에 반미 정서가 팽배해지면서 예멘은 지난 10여 년 사이에 사우디아라비아에서 많은 지도부를 잃고 인근 국가들로 쫓겨난 '아라비아 반도 알카에다AQAP'의 주요 기지가 되었다.

그러나 이집트에서 무바라크가 축출된 데 이어 2011년에 예멘의 수도 사나에서 민주화 운동이 동력을 얻었을 때 사우디아라비아와 미국은 모두 무방비상태였다. 사실상 이 나라는 일부 세력이 2007년에 정부에 대항해 공공연한 반란을 일으킨 뒤로 내내 대치 중인 상태였지만, 2001년과 2002년에 걸친 아프가니스탄 침공으로 알카에다 중앙 지도부를 격파한 데 이어 가장 위협적인 테러 단체로 커질 가능성이 있는 예멘 소재 알카에다 지도부를 궤멸시키려는 계획을 짜고 있던 미국의 전략에서 예멘이 맡은 역할이 워낙 큰 탓에 서구의 고려 대상에서 예멘의 내부 정치 상황은 상대적으로 간과되고 있었다.[26] 2011년 사나에서 일어난 민주화 운동은 튀니지와 카이로에서 일어난 운동을 피상적으로 반영하는 데 불과해 보였지만, 이 나라와 엘리트층이 워낙 분열돼 있던 탓에 운동은 곧 부족 반란 및 군사 반란과 뒤엉키게 되었다. 일단 살레흐

---

26 그레고리 존슨, 《마지막 피난처—미국과 예멘, 알카에다의 아라비아 전쟁》, W. W. 노턴, 2012년.

의 장악력이 느슨해지기 시작하면 예멘은 전국시대로 접어들 것이고, 수도 자체가 무정부상태에 빠질 위험이 있다는 사실이 명약관화해졌다.

살레흐가 그런 상황을 책임져야 한다는 사실이 명확해지자 사우디아라비아와 미국은 살레흐와 가족들을 사면한다는 방책 아래 부통령인 압드라부 만수르 하디에게 권력이 이양되도록 중개했다. 이 조치 덕분에 살레흐와 그 가족들은 계속해서 자유로이 예멘의 분열적인 정치에 관여할 수 있었는데, 다른 건 차치하고서라도 살레흐는 2012년 2월에 하디가 단독으로 대통령에 선출된 뒤에도 그의 명령을 공공연히 무시하곤 했다. 최근의 소식들은 하디가 군 명령체계를 개편하면서 살레흐의 아들들과 조카들을 배제하는 데 어느 정도 성공했을 가능성을 보여주지만, 이에 대한 판단은 아직 시기상조다.

그와 동시에 남부에서는 분리주의 세력들이 힘을 얻었고, 북부에서는 지금은 후티 운동으로 알려진 시아 자이드파* 반란군이, 듣기로는 사우디아라비아와 미국에 대한 적개심에

✦

★ 자이드파는 시아 이슬람의 한 분파로서 이란의 사파비 왕조가 융성하기 전까지는 시아파 내에서 가장 큰 분파였으며 지금도 12이맘파에 이어 두 번째로 큰 분파를 형성하고 있고, 신도의 많은 수가 예멘에 거주하고 있다. 후세인의 손자인 자이드 이븐 알리를 이맘으로 추종하고, 후세인 이후의 이맘의 '무오류성'을 믿지 않는 반면, 수니파에서 받드는 정통 칼리파들도 인정하는 교리적 특징을 보여 시아 분파들 중에서는 비교적 수니파에 가깝다고 평가된다. ─ 옮긴이

자극된 이란의 도움을 받아 차츰 세를 불려가고 있다. 사우디－이란 경쟁관계와 미국의 알카에다와의 전쟁 양쪽에서 부추김을 받은 사우디아라비아와 미국의 개입은 먼저 살레흐의 권력을 영존시킴으로써, 그리고는 독재 정권하에서 나라 안에 만연해진 불안들을 그대로 내버려둔 채 권력 교체를 꾀함으로써 예멘의 무정부상태를 강화했다. 민주주의로의 이행은 외부 강대국들의 작용 때문에 무산되었거나 아니더라도 상당히 축소돼 버렸다.

리비아

리비아에서 외부의 개입은 단순히 명확히 보이는 정도를 넘어 정권 교체를 가져온 결정적 요인이었다. 예멘의 권력 이양이 외부 강대국들에 의해 중개되었다면 리비아 카다피 정권 축출은 북대서양조약기구NATO의 공군력과 정부군에 대항하는 반군들의 지상 작전에 대한 영국 및 프랑스의 조언과 도움이 없었다면 적어도 그처럼 빨리 일어날 수는 없었을 것이다. 사실상, 반군이 일어난 초기에 카다피 군대가 동부 벵가지를 중심으로 한 반군에 맞서 완강한 저항을 보였을 때, NATO의 개입이 패배할 위기에 처한 반군을 구한 것으로 판단할 수 있다.[27]

유엔 안전보장이사회와 NATO, 미국이 겉으로는 인도적인 이유를 대며 비행금지 구역을 설정하고 그 가면 밑에서 공중 폭격으로 카다피 군을 궤멸하는 행동에 나선 속도는 실로 놀라웠다. 르완다나 보스니아에서 있었던 사건처럼 절박한 인도주의적 재난의 경우에조차 국제적 개입에 앞서 보통은 길고 때로는 복잡한 협상과 교섭 과정이 진행되는 걸 생각하면 이상할 정도다. 이번 경우에 유엔 안전보장이사회는 카다피 지배에 항거하는 시위가 시작된 지 5주 만에 리비아 상공에 비행금지 구역을 설정했을 뿐만 아니라 시민들을 보호하기 위한 '모든 가능한 조치들'을 승인하는 결의안을 채택했다. 더 주목할 것은 프랑스와 영국, 미국이 결의안이 통과된 지 이틀 만에 군사 공격을 감행했다는 점이다. NATO는 그 직후부터 리비아 반군에 소속된 공군처럼 행동하기 시작했다.

아랍연맹 회원국들 간에도 카다피를 제거해야 한다는 상당

27　패트릭 코크번, 〈흥분이 지난간 뒤―아랍 봉기에 관해〉, 《네이션》, 2012년 10월 16일자. http://www.thenation.com/article/170611/aftereuphoria-arab-uprisings?page=full (2013년 8월 30일 접속).

한 정도의 공감대가 있었다. 아랍연맹이 재빨리 카다피 축출을 위해 국제적 개입을 요구하는 결의안을 통과시킨 것을 보면 카다피가 동료 아랍 지도자들 사이에서 얼마나 인기가 없었는지 알 수 있다. 카타르와 아랍에미리트연방이 사우디아라비아의 지원을 받아 이 작전의 최전선에 섰다. 카타르는 2011년 3월 28일에 리비아의 과도국가위원회가 리비아 국민들을 대표하는 유일한 합법적 대리인임을 인정한 첫 국가였다. 원래는 개입을 마뜩찮아 했던 터키도 일단 NATO가 리비아 내전에 개입할 뿐만 아니라 성공적인 결과를 내기로 마음먹었음이 명백해지자 우세한 쪽에 가세했다.

NATO와 페르시아 만 지역의 아랍 국가들은 왜 그렇게 리비아에 개입하는 데 열을 올렸을까? 먼저 보자면, 리비아에서 일어난 봉기는 튀니지나 이집트의 경우보다 훨씬 폭력적이었고 시위대 측과 정부 측 양쪽은 거의 봉기가 시작되자마자 군사적 행동에 돌입했다. 양측은 또한 상당히 팽팽하게 대치하는 듯 보였고, 그래서 분쟁이 무기한으로 길어지면서 사상자 수가 갈수록 늘어날 수 있다는 우려스러운 전망을 낳았는데, 외부의 개입이 없는 경우에는 분쟁이 무한정 길어질 것처럼 보였다. 그런 결과는 인도주의적 측면에서 재앙을 낳을 수 있었다. 더욱 중요하게 NATO의 개입을 부추긴 것은 그런 인도주의적 재앙이 유럽이 리비아에 가지고 있는 경제적, 전략적 이해관계들, 특히 석유 탐사와 시추를 위해 새로 투입된 투자를 위협할 것이며, 또 리비아인들과 특히 리비아에서 노동자로 일하거나 카다피의 보안 요원들로 일하고 있는 사하라 남쪽 아프리카인들 모두를 떠밀어 난민 홍수를 이룰 수 있다는 점이었다. 게다가 주요 강대국들과 아랍 국가들 모두에 리비아에서 누가 나쁜 놈이고 누가 착한 놈인지에 대한 범상치 않은 공감대가 있었다는 점을 감안한다면, NATO가 유엔 안전보장이사회의 1973호 결의안을 내세우며 반카다피 세력들 편에서 군사적으로 개입한다 해도 적대적인 국제적 반응이 일어날 전망은 거의 없는 듯했다.

러시아와 중국은 기권했지만 유엔 안전보장이사회가 리비아 상공에 비행금지 구역을 설정하고 리비아 정부에 대한 무기 금수조처를 취하는 걸 막지는 않았다. 그러나 러시아와 중국은 리비아 건을 통해 이런 실수를 되풀이해서는 안 된다는 교훈을 얻었다. 서구 강대국들이 유엔의 결의안을 매우 자유롭게 해석하여 인도주의적 사명을 정권 교체를 겨냥하는 사명으로 바꿔놓았기 때문이었다. 그 결과 모스크바와 베이징은 유엔 안전보장이사회가 시리아 내전에 어떤 형태의 개입도 인가하지 못하도록 막는 데 아주 철저해졌다. 서구 강대국들이 아사드 정권을 축출하려는 자신들의 목적에 맞게 결의안의 원래 의도를 왜곡할 것을 확신하고 있기 때문이다. 그렇다고 서구 강대국들, 그중에서도 특히 미국이 아사드 정권을 상대로 군사적 행동을 취하는 걸 막지는 못하겠지만, 유엔 안전보장이사회의 결의안만이 제공할 수 있는 국제적 정당성의 위력이 그런 식으로 사용되는 것만은 막을 수 있을 것이다.

전략적 중요성과 외부의 개입

리비아가 외부에서 주도하는 아랍 세계 정권 교체의 좋은 사례라면, 시리아와 바레인은 민주적인 변화를 성취하기 위해 내부에서 시작된 정권교체 시도 과정에 외세가 개입한 사례 중에서 전략적으로 가장 중요한 사례이다. 이유는 두 가지다. 첫째, 두 국가는 페르시아 만과 넓게는 중동 지역 전체의 패권을 놓고 사우디아라비아와 이란이 벌이는 국지적 냉전의 무대가 되었다. 둘째, 두 국가에는 세계적인 강대국들

의 주요 해외 주둔지가 있다. 제2장에서 언급했듯이 바레인에
는 페르시아 만과 홍해, 아라비아 해, 남쪽으로는 케냐에까지
이르는 동아프리카 연안에 파견된 미 해군을 책임지는 미 제
5함대 사령부가 있다. 제5함대의 군사적 중요성은 이란의 핵
능력 강화 프로그램을 놓고 미국과 이란 간 대결 상황이 벌어
지면서 크게 증가했다. 제5함대가 보유하고 있는 대편성 부
대는 이란의 핵시설에 공습을 감행하겠다는 워싱턴의 결정이
내려지면 어떤 작전이든 수행해야 하는 책임을 지게 될 것이
다. 시리아에는 예전 소련이 차지했던 영토 밖에 있는 러시아
의 유일한 해외 군사기지이자 지중해에 존재하는 유일한 군
사 전초기지가 있다. 시리아에 있는 러시아의 타르투스 기지
는 러시아가 여전히 세계적 영향력을 가진 강대국이라는 위
안을 주기 때문에 모스크바에게 있어 타르투스 기지의 심리
적 중요성은 그 전략적 가치를 뛰어넘는다.

그러므로 누가 바레인과 시리아를 차지하느냐는 지역적 강
대국들이나 세계적 강대국들 모두에게 상당히 중요한 문제이
며, 두 국가에 대한 열띤 외부 개입 상황도 이것으로 설명된
다. 그 결과 두 국가에서는 외부 개입으로부터 상당히 많은
영향을 받은 결과가 도출되었는데, 시리아는 내전 상태로 곤
두박질쳐 무정부상태와 국가 실패로 이어졌고 바레인의 민주

화 운동은 미국의 동의하에 사우디아라비아가 지원하고 부추긴 압도적인 폭력에 의해 거의 괴멸되었다.

시리아

시리아는 수십 년 동안, 특히 치열한 이념 경쟁이 벌어지던 시기에 아랍 정치를 이끌던 선도자였다. 시리아는 20세기 대부분의 기간 동안 대립하는 경향들과 세력들이 서로 싸워 쟁취해야 하는 궁극적인 목표로 보였다. 시리아에서 우세해진 이념적 경향 또는 정치적 경향이 아랍의 정치 현장을 지배하게 되는 경우가 자주 있었다. 사실상 아랍 민족주의 개념을 신봉하는 '혁명적' 군사 정권들과 서구 동맹들의 지원을 받아 자신들의 권력과 특권을 유지하고자 하는 보수적인 왕국들 간에 치열한 경쟁이 벌어졌던 아랍 냉전 시기인 1950년대와 1960년에는 실제로 그랬다.[28]

그러나 요즘 중동에서 진행되고 있는 새로운 냉전의 주역은

---

28 이에 관한 자료들은 1960년대에 출간된 두 주요 저작에 잘 정리되어 있다. 패트릭 실, 《시리아를 얻기 위한 투쟁》, 예일대 출판부, 1987년. 말콤 케르, 《아랍 냉전》, 옥스퍼드대 출판부, 재개정판, 1971년.

경쟁의 한 축을 이끌고 있는 사우디아라비아와 비아랍 국가인 이란이다. 또 경쟁의 이념적 측면은 흐려졌다. 특히 민주주의를 저주라고 여기는 극도로 보수적인 페르시아 만 지역의 왕국들이 표면적으로 민주주의라는 대의명분을 지지하고 있는 반면, 권위적인 아사드 정권이 신정체제와 대의체제를 모두 포함하는 복합형 정치 체제를 가지고 있는 이란의 지지를 받고 있는 시리아의 경우가 특히 더 그렇다. 민주주의 국가인 터키가 시리아에 개입하면서 그림은 더 복잡해졌는데, 아무리 봐도 이상한 동침 관계로 보이는 앙카라와 리야드가 한쪽에 도열하고 이란이 그 반대쪽에 선 셈이다. 이런 상황에다 각자 시리아 분쟁에 깊숙이 관여하고 있던 워싱턴과 모스크바 사이의 전 지구적인 경쟁을 추가하면, 이 나라는 여러 가지 대리전이 동시에 치러지는 전형적인 전쟁터로 보일 것이다.

지금의 지역적 냉전에서 이란이 우위를 점하기 위해 경쟁 지도에 민족 분리(페르시아인 대 아랍인)뿐만 아니라 종파 분리(시아 대 수니)를 더하는 역할을 수행하고 있다는 주장을 자주 접할 수 있다. 그러나 공평하게 말하자면, 아사드 정권에 대한 테헤란의 지지는 대체로 종파적 고려(민족주의적 고려는 말할 것도 없이)보다는 전략적 고려에 의한 것이다. 테헤란은 이라크가 이란에 가한 8년 전쟁의 암흑기에 석유달러로 배가 두둑해진 페르시아 만 왕국들을 필두로 다른 모든 아랍 정부들이 이라크를 지지했을 뿐만 아니라 사담이 휘두른 전쟁 무기들의 비용 대부분을 지불했던 것을 기억하고 있다. 그때 아랍 국가들 중에서 아사드 정권만이 유일하게 이란 옆에 남아주었기 때문에 이란은 확고한 아사드 정권 지지자가 되었다. 이와 유사하게, 아니 더욱 중요하게, 시리아는 1980년대부터 이란의 군사적, 재정적 지원을 레바논 헤즈볼라에 전달해주는 주요 통로였고 최근까지 팔레스타인 하마스에게도 같은 역할을 해왔다.

　게다가 아사드 치하의 시리아는 이란 정권이 보기에 지역 패권을 놓고 이란과 경합하는 두 국가 중 하나인 이스라엘에 대항하는 '저항' 전선의 일부다. 다른 한 국가는 사우디아라비아다. 알라위파*가 지배하는 시리아 정권에 대한 이란의 지원

★ 알라위파는 정통 이슬람교도들로로부터 이단 취급을 받는 신비주의 종파의 하나로 교리가 잘 알려져 있지 않다. 이슬람이 중앙아시아 투르크계 부족들 사이에 전파되던 시절에 형성된 것으로 보인다. 무함마드의 사촌인 알리를 신성시하고 알라와 무함마드와 알리를 깨달은 자로 여기며 셋의 속성이 동일하다는 교리를 갖고 있으며, 신의 절대성을 인정하지 않고 인간이 깨달음을 얻으면 자신의 내면에 있는 신을 깨닫게 된다고 주장한다. 장로를 중심으로 움직이며 악기를 연주하면서 노래를 반복해서 부르거나 무아지경에서 황홀감을 느끼는 것을 중요시한다. 아랍 세계 대부분 지역에서 배격받고 있지만 시리아 군부와 최고 권력 가문이 알라위파라고 알려져 있다. 시리아 인구 중 알라위파 비중은 10% 정도. 시리아 알라위파의 교리는 거의 알려져 있지 않다. ─ 옮긴이

을 종파주의라 부르며 이란이 아사드 정권을 지원하는 것이 중동을 지배하기 위해 '시아 초승달'*을 구축하려는 노력의 일환이라고 치부함으로써 종파 분쟁의 불길에 부채질을 하고 있는 것은 오히려 사우디아라비아와 요르단(2011년까지는 무바라크 치하의 이집트도)과 같은 수니파 권위주의 아랍 정권들이다. 시리아 정권을 지배하는 알라위파는 수니파와 시아파를 가릴 것 없이 대부분의 무슬림들로부터 잘해봐야 최고의 이단자들, 잘못하면 비무슬림으로 여겨지고 있기 때문에 종파주의 혐의는 말이 되지 않는다. 그러나 무슬림 세계 외부에서는 대부분의 사람들이 알라위파를 시아파의 한 분파로 여기고 있기 때문에 이 혐의가 일정 정도의 신뢰성을 얻었고, 시아파가 지배하는 이라크 정부가 이란 정권과 밀접한 관계를 갖는 것과 시아파 헤즈볼라가 군사적, 재정적 지원을 이란에 의존하고 있는 것에도 이 서사가 잘 들어맞았다.

최근에 일어난 두 가지 사건이 이란이 시아파가 우세한 권

★ 시아 초승달(Shia Crescent)은 중동에서 인구의 다수가 시아파이거나 소수더라도 시아파가 강력한 영향력을 행사하는 지역을 잇는 초승달 모양의 띠를 이른다. 2004년에 요르단 왕 압둘라 2세가 이란이 2005년 이라크 총선 준비 과정에 개입하고 있다는 의혹을 제기하며 처음 언급했다. 이라크에 시아파가 주도하는 정부가 들어서면 초승달 모양으로 인접해 있는 이란과 이라크, 알라위파가 지배하는 시리아, 시아파 무장단체인 헤즈볼라가 강력한 영향력을 행사하는 레바논이 용이하게 협력 체제를 구축할 수 있으며, 그럴 경우 이란이 지역적 강대국 역할을 하게 될 것이라는 의미를 내포하고 있다. ─ 옮긴이

역을 묶어 아랍 세계에 세력권을 구축하려 한다는 주장에 힘을 더 보태주었다. 첫 번째 사건은 아마도 테헤란의 의중에 따른 것이겠지만, 전투로 단련된 헤즈볼라 부대들이 2013년 이래로 시리아에서 벌어지는 내전에 가담하여 아사드 정권의 군사력을 뒷받침해주고 있는 사건으로, 헤즈볼라의 가담은 그 땅의 세력 균형에 상당한 차이를 만들어냈다. 두 번째 사건은 이라크의 알 말리키 정부가 이란이 이라크 영공을 통과해 시리아 정부군에게 무기를 날라줘 아사드 정권의 군사력에 보탬이 될 수 있도록 편의를 봐준 사건이었다.

이라크에서 사담 후세인이 축출되면서 이란이 이라크에 대한 영향력을 키울 수 있는 주요한 기회를 얻기는 했지만 종파분쟁이 다시 시작될 가능성이 있는데다 시아파가 지배하는 바그다드 정부의 불안정한 성격까지 포함하는 그 나라의 계속되는 불안 탓에 이란에게 시리아는 쉽게 희생할 수 없는 전략적 요소가 되었다. 시리아 분쟁에 대한 이란의 정책을 가장 잘 설명해주는 것이 바로 이런 사실이다. 아사드 정권에게 이란은 재정적 지원뿐만 아니라 군사적 원조를 얻을 수 있는 나라다. 현재 중동의 권력 및 영향력 분포를 고려한다면 테헤란과 다마스쿠스는 서로를 필요로 한다.

이란이 이라크와 헤즈볼라에 대해 취하는 정책이 부분적으로만 종파적 – 종교적 고려에 의해 움직인다는 점도 언급할 필요가 있다. 테헤란은 사담 후세인이 권력을 잡고 있던 1980년부터 1988년까지 그랬던 것처럼 이라크와 다시 전쟁을 시작할 경우에 수반될 엄청난 피해를 감당할 수 없기 때문에 바그다드에 우호적인 정권이 들어서는 것이 필수적이라고 여기고 있다. 사담이 몰락한 결과로 이라크 인구의 다수를 차지하는 시아파의 영향력이 커진 덕분에 이란은 이 이웃국가에 대해 어느 정도 마음을 놓게 됐는데, 특히 이라크의 주요 시아파 정당들을 이끄는 지도자들이 모두 사담 시대에 피난처를 제공해주고 자신들의 반군을 훈련시켜준 이란에게 신세를 진 인사들이기 때문이다.

레바논 헤즈볼라는 설립 때부터 이란을 지배하는 성직자들과 종교적, 이념적으로 밀접한 관계를 맺어왔다. 뿐만 아니라 헤즈볼라가 2006년에 이스라엘이 레바논을 침공했을 당시에 그랬던 것처럼 이스라엘에 맞서 한방 먹일 수 있는 능력을 과시하는 유일한 아랍 세력이라는 점에서 이 관계에는 군사적 논리도 개입돼 있다. 헤즈볼라의 군사력은 이스라엘이나 이스라엘 – 미국이 이란의 핵시설을 공격할 경우에 이란이 이스라엘에 맞설 수 있는 은밀한 비책이다.

　페르시아 만 지역에서 이란과 패권을 다투고 있는 사우디아라비아는 반대로 시리아에서 아사드 정권에 대항하는 수니파 반군을 지지한다. 겉으로는 아사드 정권의 신용을 떨어뜨리고 수니파가 압도적으로 많은 아랍인 대중들로부터 지지를 얻기 위해 종파적 측면을 강조하고 있긴 하지만 사우디아라비아가 시리아 반군을 지지하는 건 종파적 이유에서라기보다는 시리아 정권과 이란의 연계 때문이다. 이란이 시리아의 수렁에 빠져들어 테헤란의 관심과 능력이 페르시아 만 지역 현장에서 멀어지도록, 그래서 자신들의 아랍 왕국에 유리한 상황이 펼쳐지도록 시리아 상황을 방치했던 사우디아라비아와 페르시아 만 지역의 동맹 왕국들은 아랍의 봄이 자신들 정권의 정통성과 수명에 떨어뜨릴 낙진을 이미 알고 있었다. 사우디아라비아로부터 군사적 지원을 받은 알 칼리파 정권에 의해 잔인하게 궤멸되긴 했지만 바레인 봉기는 페르시아 만 지역의 절대왕권 지도자들로 하여금 자신들의 미래에 대한 심각한 불안을 안겨주었다. 그래서 그들은 아랍 대중들과 서구 강대국들의 지지를 얻기 위해 바레인의 민주화 운동이 이란의 음모에서 비롯되었다고 주장하며 나서게 되었다.

사우디아라비아와 카타르는 시리아 반군에 대한 재정적 지원을 확대했을 뿐만 아니라 다른 걸프협력회의GCC 국가들과 연합하여 시리아 정부군에 대항해 싸우거나 정부를 대상으로 공격을 감행하는 자유시리아군FSA을 비롯한 다른 무장 세력들에게 무기를 전달했다. 믿을 만한 소식통에 의하면 미국의 지원을 받아 카타르와 사우디아라비아, 요르단, 터키가 반군에게 보내준 이들 무기의 정밀도와 물량이 2012년 가을 이래, 특히 2013년 초반 몇 달 사이에 몇 배나 개선되었다고 한다.[29] 이런 보고들은 반군이 정부 표적들에 가한 공격의 유효성이 증가한 데서 나온 것으로 보인다. 터키와 접한 시리아 북동부 상당 영역을 지배하면서 부분적으로 알레포를 탈환하고 계속해서 수도 다마스쿠스를 잠식해 들어가는 반군의 행보는 그들의 무기고가 외국 친구들에 의해 충분하게 보충되고 있음을 알려주는 추가적인 지표다.

보다 최근에는 미국과 그 유럽 동맹들 역시 시리아 반군 세력들에 대한 군사 원조를 확대하겠다고 결정했다. 이런 결정이 전격적으로 이행되지 못하도록 발목을 잡는 건 정교한 무기들

29 C. J. 키버스, 에릭 슈미트, 〈CIA의 조력을 받아 시리아 반군에 공수되는 무기 증가〉, 《뉴욕 타임즈》, 2013년 3월 24일자. http://www.nytimes.com/2013/03/25/world/middleeast/arms-airliftto-syrian-rebels-expands-with-cia-aid.html?ref=global-home&_r=0 (2013년 8월 30일 접속).

이 '잘못된 손'에 넘어가면 어쩌나 하는 이들의 공포다. '잘못된 손'이란 공교롭게도 반군 세력들 중에서 최고의 전사들이 된 알 누스라 전선과 같은 알카에다와 연계된 이슬람주의 단체들을 의미한다. 그러나 믿을 만한 소식통들은 풍부한 석유 매장량 을 자랑하는 초소형 국가 카타르가 미국과 유럽의 이런 우려를 무시한 채 여전히 반군들에게 휴대용 견착식 열추적 미사일을 공급하고 있다고 전한다.[30] 카타르가 무슬림형제단과 연계된 시 리아 단체들과 밀접한 관계를 맺고 있기 때문에 미사일들이 이 들 단체들에 공급되었을 가능성이 크다.

이런 모든 상황들을 종합해보면, 외부의 자금과 해외로부 터 유입되는 무기 흐름이 애초에 시리아에서 반아사드 운동 을 촉발시키지는 않았겠지만, 민간에서 주도하여 시작된 민 주화 운동을 폭동 상태로 바꾸었고, 그 다음엔 나라 전체를 실패한 국가로 바꿔놓을지도 모르는 전면적인 내전으로 확대 시키는 데에 도움을 준 것은 확실해진다. 시리아 군이 화학무 기를 사용했다는 입증되지 못한 주장을 빌미로 미국이 유럽 동맹들의 도움을 받거나 또는 받지 않고서 시리아 군 시설과

---

30 마크 마제티, C. J. 키버스, 에릭 슈미트, 〈시리아에서 중요한 역할을 하는 카타르가 반군들에게 무기를 공급하다〉, 《뉴욕 타임즈》, 2013년 6월 29일자. http://www.nytimes. com/2013/06/30/world/middleeast/sending-missiles-to-syrian-rebels-qatar-muscles-in. html?ref=global-home&_r=0 (2013년 8월 30일 접속).

지역적 · 국제적 경쟁자들   131

통신 시설들을 폭격한다면 이 시나리오는 더욱 그럴듯해질 것이다. 시리아의 국가 능력이 지금보다 더 떨어질 경우, 실패하고 있는 국가는 금세 실패한 국가로 바뀔 수 있다.

시리아에서 벌어지는 전투의 최근 양상을 보면 사우디아라비아와 터키 같은 지역 강대국들이 반군 편에, 그리고 이란이 정권 편에 개입한 것이 시리아 분쟁을 국가 내 문제에서 중동 지역의 문제로 바꿔놓았다는 걸 보여준다. 동시에 시리아 정권이 러시아와 맺고 있는 전략적, 경제적 연계와 미국과 미국의 유럽 동맹국들이 반군들에게 확대한 지원 때문에 시리아 내부에서 일어난 일이, 그리고 시리아에게 닥친 일이 단순히 지역적인 문제가 아니라 국제적 영향력을 가진 문제가 되었음이 갈수록 명확해지고 있다. 아사드에게 물러나라는 압박을 가하라는 서구의 요청을 러시아와 중국은 지금까지 거부해왔다. 러시아와 중국은 또 시리아에 제재 조치를 취하려는 유엔 안전보장이사회의 결의안에 세 번이나 거부권을 행사했다. 무엇보다, 앞에서 언급한 것처럼 모스크바는 유일한 아랍 지중해 우방인 시리아에서 차지하는 자신의 입지와 역할에 손해를 입힐 리비아식 서구 개입을 반대한다.

러시아와 시리아의 관계가 이 나라에 직접 개입하고 싶어

하는 서구 강대국들의 성향을 억제하는 하나의 제약으로 기능하는 데에 반해, 아사드 정권과 이란의 밀접한 관계는 이 정권을 제거하고 싶어 하는 미국 입장에서는, 특히 핵 관련 사안을 놓고 대립하는 이란과 P5+1(유엔 안전보장이사회 상임이사국 5개국과 독일)이라는 맥락에서 보자면 개입을 유도하는 하나의 유인으로 작용한다. 다른 말로 하자면, 서구 강대국들이 아사드 정권을 축출하려는 주요 목적이 핵 사안에 대해 고집을 피우는 이란을 벌하는 데 있는 것처럼 보인다는 의미다. 이 논리를 반박하는 사실은 아사드 정권을 축출하려는 서구의 개입이 미국과 그 동맹들을 수렁에 가둬 허우적거리게 만들 것 같다는 점이다. 아사드 이후의 시리아에 대한 계획이 없는 것처럼 보이는데다 설사 계획이 있다 하더라도 그걸 뒷받침할 외교적 능력이 없는 것 같기 때문이다. 워싱턴은 아사드 이후의 시리아가 무정부상태에 빠지거나 미국의 이라크 침공 이후에 도처에 폭력이 난무하여 중동에서 미국의 이미지가 걸레쪽이 됐던 사태가 재연될까 걱정하고 있다. 러시아와 중국의 거부권 때문에 유엔 안전보장이사회의 명확한 승인을 얻을 가능성이 거의 없어 보이는 상황에서 다시 한번 이라크 침공 때와 유사한 개입을 시리아에 할 경우에는 서구 강대국들과 터키를 비롯한 중동 지역 동맹들을 이란과 러시아를 상대해야 하는 심각한 분쟁 속으로 밀어 넣을 수 있다. 미국이 판에 박힌 반아사드 수사들을 쏟아내고 은밀히 무장 반군을 지지하면서도 최근까지 시리아에서 아사드 정권을 제거하기 위한 직접적인 군사 개입을 요구하지 않았던 주요한 이유가 바로 그 때문이다.

2013년 8월에 시리아 내전에서 정부군의 짓으로 추정되는 화학무기가 사용된 건 미국의 대시리아 정책 입장에서는 국면을 전환하는 사건으로 보였다. 오바마 대통령이 지난 8월에 공개적으로 넘어서는 안 될 '금지선'을 제시하며 화학무기를 사용할 경우 미국의 응징을 받을 것임을 아사드에게 경고했기 때문이다. 언젠가는 미국의 폭격이 있을 가능성이 높지만 군사적 대응을 승인하기 마뜩찮아 하는 의회와 러시아의 재빠른 외교적 조처 덕분에 당장은 이 위협을 막아놓은 상태다.

망명 지도부와 현장에서 뛰는 반군 지휘관들 사이의 갈등과 무슬림형제단과 다른 정치 분파들 간 긴장관계, 그리고 무엇보다 갈수록 실제 전쟁의 성격을 갖춰가는 알누스라 전선과 같은 알카에다에 연관된 이슬람주의 무장단체들과 보다 세속주의적인 입장을 가진 자유시리아군 간의 길항작용 등을 포함하여 반군 세력들의 단결력이 취약한 것도 시리아 사태가 무정부상태로 결론 날 가능성을 높인다. 지역 무장단체들이 봉건영주에 버금갈 만한 권력을 휘두른다는 사실에서 이미 그 전조를 볼 수 있다. 유엔은 라크다르 브라히미*를 시리아에 보내 이 나라가 '제2의 소말리아'가 될 수 있다는 점과 과도정부의 성격 등에 대해 협상을 거친 합의가 없다는 점을 지적하고, 이 때문에 2013년에 많게는 10만 명에 이르는 사망자가 날 수 있다는 사실을 경고했다.[31]

이란이, 그리고 아마도 러시아도, 배편과 비행기편으로 아사드 정권에 무기를 대고 있다는 보고가 나오면서 "반군에 무기를 더 투입해봐야 정부군의 무기를 더 늘리는 효과만 가져올 뿐, 문제를 해결하지 못할 것"[32]이라는 브라히미의 예언이 맞았음이 입증되었다. 충분한 무기로 무장한 잘 훈련된 반군

★ 라크다르 브라히미(1934~)는 전 알제리 외교장관이자 유엔 외교관으로 20여 년간 아이티와 남아프리카, 아프간, 시리아 등에서 유엔 특사로 일했다. 유엔에서 일하기 전에는 알제리 독립전쟁 중에 튀니스에서 민족해방전선에서 일했다. 최근 2년간 유엔과 아랍연맹의 공동특사로 시리아 문제를 해결하려고 노력하다 2014년 5월에 사임했다. ─ 옮긴이

31 〈시리아 사태, "내년 희생자 10만 명에 이를 수도"〉, 《가디언》, 2012년 12월 30일자. http://www.guardian.co.uk/world/2012/dec/30/syrian-crisiscould-kill-100000 (2013년 8월 30일).

32 폴 오웬, 〈유엔 특임대사, "반군 무장이 '답이 아니다'"〉, 《가디언》, 2013년 5월 29일자. http://www.guardian.co.uk/world/middle-east-live/2013/mar/29/un-envoy-says-arming-rebels-not-the-answer-live?INTCMP=SRCH (2013년 8월 30일 접속).

전사들이 입지를 넓혀가자 아사드 정권의 운명에 자신의 생존이 얽혀 있다고 판단한 전투경험 풍부한 레바논 헤즈볼라가 아사드 정부를 대신하여 훈련관이자 군사 조언자로서뿐만 아니라 전투원으로서도 내전에 개입하게 되었다.

시리아 내전이 주변 국가들, 특히 레바논과 이라크에 미치는 영향은 갈수록 분명해지고 있다. 레바논의 수니파, 알라위파, 시아파 단체들 사이에 시아파와 수니파 표적 양쪽 모두에 대한 폭탄 공격을 포함한 충돌이 일어나 가뜩이나 취약해진 정치체제를 위협하고 있다. 수니파 국민은 대체로 시리아 반군을 지지하고 시아파 국민은 시리아 정권 측을 지지하는 이라크는 시리아 분쟁으로부터 영향을 받았다. 뿐만 아니라 은밀히 아사드 정권을 지지하는 이라크 정부에다 구멍이 숭숭 뚫린 국경을 넘어 수니파 반아사드 진영에 가장 뛰어난 전투 부대를 파견하는 이라크 알카에다 세력들까지 포함하여, 자신의 종파적이고 정치적인 분열 상황을 시리아에 수출하기도 했다. 일부 소식통들은 '이라크의 이슬람국가'라고 알려진 이라크의 알카에다 진영과 이들로부터 대부분의 자금을 조달하고 있는 시리아의 알누스라 전선이 '이라크 – 레반트 이슬람국가ISIL'라 불리는 하나의 조직으로 합치기로 했다고 전한다. 그러나 다른 소식통들은 두 단체가 협력도 하지만 경쟁도 한다며 알누스라 전선이 이라크의 알카에다와 합병하기를 거부했다고 전하기도 한다.

아사드 정권에 대항하는 전쟁에 알카에다와 연계된 단체들이 참가하고 있는 현실이 미국과 그 동맹들에게는 곤란한 상황을 만들어냈다. 한편으로는 시리아 반군을 지지하지만 다른 한편으로는 반군의 상당 부분을 형성하고 있는 알카에다와 수니파 무장단체들을 극도로 싫어하기 때문이다. 시아파가 주도하는 이라크 정부가 아사드 편을 들며 시리아 내전에 개입하는 것은 비록 은밀하게 진행된다 하더라도 바그다드와 워싱턴 사이에 긴장을 높일 뿐더러 결국에는 미국보다 이란이 이라크에 더 큰 영향을 미친다는 결론을 분명하게 보여주었다.

터키라는 난제

지중해 동부지역의 축을 이루는 강대국인 터키도 시리아 사태의 향방에 절실한 이해관계를 가지고 있다. 시리아와 긴 국경을 맞대고 있을 뿐만 아니라 터키는 시리아로 흘러들어가는 귀중한 수원의 상류지역을 차지하고 있으며, 이 때문에 두 나라 사이에는 자주 긴장관계가 형성되곤 했다. 무엇보다 터키는 시리아와(이라크, 이란과도) 쿠르드 민족통일주의 문제를 공유하고 있다. 1980년대와 1990년대에 경색되었던 터키와 시리아 관계는 나름의 이유로 터키에 대항하는 쿠르디스탄 노동자당PKK을 지지했던 다마스쿠스가 1998년에 PKK 대표인 압둘라 오칼란을 시리아에서 추방하여 터키 정보부가 체포하여 납치할 수 있도록 조치하면서 풀어지기 시작했다. 정의개발당이 터키의 정권을 잡은 2002년 후부터, 그리고 특히 아흐메트 다부토글루가 외교부장관이 되어 터키 외교정책의 원칙으로 '이웃과의 무분쟁' 선언을 채택한 2009년부터는 더욱 개선되었다.

이 정책은 결과적으로 앙카라에게 반은 저주이자 반은 축복이 된 아랍의 봄이 발발하기 전까지는 터키에게 긍정적인 결과를 가져왔다. 한편으로 보면 아랍의 봄은 아랍 대중들 사이에 터키 모델의 인기를 높였다. 이집트와 튀니지의 독재자들이 축출된 뒤에 에도르간 총리가 카이로와 튀니스를 방문했을 때는 인기 연예인과 같은 대접을 받았다. 다른 한편으로 보자면 아랍의 봄은 터키에게 새로 사귄 대체로 권위주의 정권들인 아랍 세계 친구들과 부분적으로 터키 민주주의의 성공에서 영감을 얻은 아랍 민중들의 민주화 열망 사이에서 뼈 아픈 선택을 강요했다. 이 긴장관계는 다른 무엇보다도 일단 아사드 정권에 대한 반대 여론이 힘을 얻자 터키의 대시리아 정책에 반영되기 시작했다. 처음에 터키 정부는 아사드에게 민주화 운동세력들과 타협하고 시리아 정치변화를 향한 길을 선도하라고 충고했고 아사드도 그런 조언을 환영하는 듯했다. 그러나 2011년 8월에 앙카라는 아사드의 약속이 위선이었다는 결론을 내리고 정책을 180도로 변경했다. 터키는 반아사드 단체들뿐만 아니라 주요 반군 본부들에 대한 핵심적인 정치적 지지자가 되어 아사드 정권과 싸우는 세력들에게 피난처를 제공할 뿐만 아니라 무기를 공급하는 주요 경로 역할을 맡고 있다.

터키가 이렇게 입장을 변화시킨 이유는 여러 가지다. 첫째, 터키는 특히 바레인의 민주화 운동이 사우디의 지원하에 궤멸되는 동안 침묵을 지킨 이유로 혹독한 비판에 직면했기 때문에 시리아의 정권교체 운동을 지지하지 않을 경우 자신의 민주적 이미지가 손상될 것이라 결론내렸다. 둘째, 터키는 아사드 정권의 운이 끝났으며 아사드 이후 시대에 전략적이고 경제적인 혜택들을 수확하기 위해서는 터키 자신이 반대 운동의 주요 후원자 자리를 차지해야 한다고 판단했다. 셋째, 터키는 자신의 NATO 동맹국들, 특히 그중에서도 미국에게 자신이 시리아 사태에 관해 그들 편에 있으며 아사드 정권의 주요 지지자인 이란을 반대한다는 신호를 주고 싶었다. 이런 신호는 앙카라가 유럽과 미국과의 관계를 희생하면서 무슬림 이웃 국가들, 특히 이란에 팔려갔다는 서구의 우려를 가라앉히기 위해서라도 필수적인 것으로 생각됐다. 넷째, 앙카라는 NATO가 리비아 사태에 대응하는 단호함과 민첩함, 강도를 잘못 이해하고 시리아의 경우에도 NATO가 같은 반응을 보일 것이며 아사드 정권도 신속하게 막을 내릴 것이라 예상했다. 마지막으로, 에르도간 총리와 다부토글루 외무장관은 모두 아사드와 강한 유대관계를 맺는 데 상당한 정치적 자산을 투자했기 때문에 아사드가 자신들에게 했던 개혁 약속을 따르기를 거부하는 상황에서 배신감을 느꼈다.

그 결과, 터키는 시리아 사태에 깊숙이 관여하게 되었고 수렁이 될 조짐이 보이는 그 사태에 얽매일 위험에 처해 있다. 시리아의 교착상태는 빠른 시간 안에 깨질 것 같지가 않다.

터키는 상당한 기간 동안 시리아 정권과 느슨한 전쟁을 치르면서 자원을 소모하고, 대부분이 시리아를 통과해 육로로 운송되는, 이제 막 싹을 틔워가는 중동 국가들과의 무역에 부정적인 충격을 가하며, 힘겹게 구축한 이란과의 관계에서 신뢰를 깨뜨리고, 그리고 장기적으로 경제적 전망을 전반적으로 거꾸러뜨리게 될지도 모른다.

지금의 상황들을 감안한다면 터키는 아사드 정권이 몰락한 이후에 훨씬 더 두려운 가능성, 즉 시리아가 터키 국경에 자리 잡은 쿠르드족을 포함하여 몇 개의 인종별, 종파별 소국들로 분할되는 상황을 맞을 수 있다. 지금은 쿠르디스탄 노동자당과 터키 정부 관계가 화해 분위기에 있지만 국경을 맞댄 쿠르드족 소국이 생길 경우에는 나라 안의 쿠르드 민족통일주의가 크게 자극을 받을 것이다. 시리아 반군 세력들 내부의 혼란을 생각하면 상당히 실현 가능성이 높은 그런 결과들에는 소련이 철군하고 공산주의 정권이 몰락한 뒤의 아프가니스탄처럼 종파별, 부족별 집단들의 상당수가 계속해서 내전을 벌이는 끔찍한 상황도 포함돼 있을 가능성이 높다.

이런 상황에서 1990년대 아프가니스탄에서 그랬던 것처럼 시리아 반군을 지지했던 외국 후원자들, 특히 미국과 사우디아라비아가 시리아가 스스로 제 운명을 개척하도록 놓아둔 채 갑자기 발을 빼고 철수할 가능성도 있다. 이들 강대국들의 주요 목적이 시리아에서 민주주의를 신장시키는 것보다는 이란을 약화시키는 것에 더 관련돼 있고, 시리아 민중들이야 어떻게 되든 아사드만 몰락시키면 그들로서는 목적을 이룬 셈이므로 이 시나리오 또한 개연성이 높아 보인다. 1990년대 아프가니스탄에서 파키스탄이 그랬던 것처럼 터키는 홀로 남아 시리아 사태를 감당해야 할지도 모른다. 시리아의 종파적 분열과 아사드 정권에 대항한 전쟁에서 무장 지하드주의자들이 수행한 역할을 고려했을 때 그럴 가능성이 크겠지만, 아사드 몰락의 결과로 시리아에 무정부상태와 테러리즘이 판을 친다면 터키도 이웃의 무정부상태로부터 안전할 수는 없을 것이며 쿠르드족의 테러와 수니파와 알라위파 간 종파적 분열이 급격하게 늘어나는 상황을 목격하게 될 수도 있다. 터키의 알라위파가 시리아 알라위파와 다르긴 하지만 같은 이름을 쓰는데다, 더 중요하게는 둘 다 다수인 수니파 지배에 대해 유사한 공포를 가지고 있기 때문에 터키의 알라위파는 시리아 알라위파를 동정한다.

최근에 터키 정부가 쿠르디스탄 노동자당 대표인 압둘라

오칼란과 쿠르드 문제에 대한 해법을 협상하려 나섰는데, 대체로 터키 국내 상황과 중기적으로 터키의 안보와 경제적 번영을 심각하게 위협할 가능성을 가진 바로 옆 국가들의 여러 상황과 역관계의 배치 상태를 보고 협상 필요성을 느꼈기 때문이다. 시아파가 주도하는 이라크 알 말리키 정부에 대한 이란의 지지와 수니파가 우세한 이라크 여당에 대한 터키의 동정과 바그다드와 쿠르드 자치지역정부와의 분쟁에서 쿠르드 자치정부를 지지하는 터키의 입장을 고려하면 터키는 이라크에서 이란과 이해관계 충돌을 빚을 가능성을 가지고 있다. 앙카라와 테헤란의 관계라는 측면에서 보면 시리아 사태가 터지기 전에 이미 둘의 관계는 진흙탕이 되어 있었던 것이다. 시리아에 대한 입장 차이는 이 관계를 더욱 제약할 것이고, 어쩌면 전면적인 결별을 낳을 수도 있다. 아마도 외부 강대국들, 특히 중동에서 가장 강력한 두 무슬림 국가들 간에 갈등이 커지는 걸 보고 싶어 하는 미국과 이스라엘의 이해관계에 부합하는 전개일 것이다. 그러나 이런 상황은 앙카라와 테헤란이 매끄럽게 상호작용할 때에만 보장될 수 있는 이 지역의 미래 안보와 안정에는 나쁜 징조가 아닐 수 없다.

앞선 제시한 분석을 보다 명확하게 정리하자면, 시리아를 놓고 벌어지는 지금의 다툼이 이처럼 복잡해진 주요 이유는 동일한 주역들이 등장하는 두 개의 서로 연관된 문제에 시리아가 긴밀하게 얽혀있기 때문이다. 첫 번째 문제는 사담 후세인이 사라진 이후에 석유 매장량이 풍부한 이라크를 이란과 사우디아라비아, 터키, 미국 중에서 누가 지배 또는 영향력을 행사할 것인가를 놓고 벌어지는 다툼이다. 두 번째는 이란의 우라늄 농축 권리를 놓고 한쪽에는 이란, 다른 쪽에는 그 프로그램이 핵무기 개발 능력을 손에 넣으려는 테헤란의 은밀한 계획의 일환이라고 판단하는 미국과 유럽 강대국들, 이스라엘, 사우디아라비아가 뭉쳐서 대결하는 다툼이다.

그러므로 시리아는 기본적으로 서로 얽혀 있는 두 가지 힘의 균형, 하나는 페르시아 만 지역에 대한 이란과 사우디아라비아 간 균형, 또 하나는 중동 전반에 대한 미국-이스라엘 축과 이란 간 균형을 새로 조정하는 문제에서 지배권 또는 우월한 지위(뭐라고 부르든 간에)를 차지하기 위해 이 지역 전체에서 벌어지는 분투의 일부가 되었다. 아사드 정권에 대한 이란의 지지와 반아사드 진영에 대한 미국-이스라엘의 지지는 권력과 영향력을 놓고 중동에서 벌어지는 더 큰 범위의 투쟁들 맥락 속에서만 이해될 수 있다. 그러므로 시리아 사태의 해법은 이들 다른 경기장에서 어떤 일이 일어나는지와 연계되어 있으며, 그들과 분리되어 단독으로 해결될 수 없다. 이 때문에 시리아 분쟁의 해법을 찾는 일은 완전히 불가능하거나 아니면 엄청나게 어렵다.

바레인

시리아와 마찬가지로 바레인은 세계적으로 보든 지역적으로 보든 전략적으로 매우 중요한데, 주요하게는 앞서 얘기한 것처럼 바레인에 미국의 제5함대 사령부가 있기 때문이다. 바레인에서 일어나는 여하한 형태의 내부적 정치질서 변화는 그 해군기지를 위협할 수 있고, 페르시아 만에서 미국이 군사 작전을 수행하는 능력에 커다란 영향을 줄 수 있다. 바레인 국민의 대다수가 시아파이며 친이란 정서를 갖고 있다는 점을 고려하면 이런 결과가 나올 확률은 단순한 가능성 이상이며, 민주적 통치로 전환될 경우 그런 가능성은 더욱 강화될 것이다. 최소한 민주화된 바레인은 다른 걸프 만 왕국들에게 미군 주둔이나 안보 우산이 그들 정권을 무기한 보호해

주지 못할 거라는 점을 깨닫게 함으로써 이란에 유리한 쪽으로 군사적 균형까지는 아니더라도 심리적 균형점을 이동시킬 것이다. 사실상 바레인 왕가의 몰락은 공공연하게 미국과 동맹 관계를 맺는 것이 그 지역에 팽배한 대중적인 반미 정서를 자극하기 때문에 정권 안보 측면에서는 비생산적일 수 있다는 암시를 전달할 듯싶다.

바레인 왕조 축출이나 아니면 절대 권력을 축소하는 조정 조차 이 정권의 주요 보호자인 사우디아라비아나 국민 다수와 공감대를 형성하고 있는 이란이 맺고 있는 지역적 힘의 균형에 커다란 충격을 줄 것이다. 사우디아라비아가 자신과 바레인이 회원으로 참가하고 있는 걸프협력회의를 방패막이로 사용하며 2011년 3월에 바레인에 군대를 파견함으로써 어떤 비용을 치르더라도 바레인 정권을 보호할 준비와 각오가 됐다는 신호를 보낸 것도 놀랄 일이 아니었다. 총리를 필두로 한 이 정권 내부의 강경파들이 민주화 운동 세력들과 타협하는 쪽으로 기울었던 왕세자로 대표되는 온건파들을 상대로 승리를 거두는 데 사우디아라비아가 나서 거든 셈이었다. 사우디아라비아의 행보는 또한 바레인 정권을 부추겨 민주화 시위자들을 단호하게 진압하여 대결 국면을 제로섬 게임으로 바꿔놓게 했다. 바레인의 민주화 운동 탄압과 관련된 사우디아라비아의 이해관계는 그것이 성공할 경우에 눈덩이 효과를 가져와 석유가 풍부하게 매장된 동부 지방에 밀집해 있는 사우디아라비아 내부의 골칫덩어리 시아파 인구들이 바레인에 물들 수 있다는 리야드의 판단과 밀접하게 연관돼 있다.

처음에는 정권이 효과적으로 반대파들을 진압한 듯 보였지만 실상은 그렇지 않았다. 간헐적으로 시위가 이어지며 그나마 남아 있던 지배 가문의 정통성을 갉아먹었다. 2013년 2월 바레인 봉기 2주기는 시위와 보안군에 의한 더 많은 살육으로 점철되었다. 정권은 정부 대표들이 포함되지 않은 다소 우스운 형태로 국민과의 대화를 시도했지만 어떤 결론도 얻어내지 못했다. 정권과 시아파 반대세력, 소수 수니파 내부의 강경파와 온건파 간 분열 상황이 문제를 엄청나게 복잡하게 만들었다. 지금의 막다른 대치 상태는 단순히 종파주의뿐만 아니라 국민들 사이에 팽배한 반미주의에 기름을 끼얹고 페르시아 만에 걸린 미국의 전략적 이해관계들의 앞날을 위협할 또 다른 대규모 폭력 사태의 전조인 것 같다.[33]

---

33 프레드릭 웨리, 〈위태로운 외길―바레인의 곤경과 미국의 정책〉, 카네기국제평화기금, 2013년 2월 6일. http://carnegieendowment.org/2013/02/06/precarious-allybahrain-s-impasse-and-u.s.-policy/fayh (2013년 8월 30일 접속).

이 장에서 우리가 분석한 모든 사례들은 지역적이고 국제적인 경쟁관계들이 어떻게 아랍 세계에서 진행되는 민주적 통치로의 전환 과정을 이처럼 엄청나게 복잡하게 만들었는지 보여준다. 과도기란 늘 불안하다. 그러나 외부의 개입은 그 불안함을 지역 안보와 안정에 대한 심각한 위협으로 바꿔놓을 수 있다. 우리가 봤던 몇몇 국가들, 특히 시리아와 바레인의 경우는 실제로 어렵지 않게 역으로 NATO와 미국, 러시아의 군사적 개입을 불러올 커다란 규모의 지역적 분쟁들을 유발하는 불씨가 될 수 있다. 중동이 보유하고 있는 수출 가능한 엄청난 에너지 보유고와 지정학적 중요성은 어떠한 지역적 분쟁이라도 국제적 대결국면으로 이어지고, 그래서 세계 체제 전체의 안보와 안정에 부정적인 충격을 줄 가능성을 극대화한다. 그리고 이 전망에는 다음 장에서 살펴볼 이란의 핵 야심 탓에 점점 높아가는 국제적 긴장관계가 고려되지도 않았다.

제5장

이란과 핵폭탄

지난 몇 년 사이 이란 핵폭탄 문제는 이스라엘 – 팔레스타인 분쟁을 포함하여 중동에 관련된 서구의 관심사들 대부분을 압도했다. 이란이 곧 확보하리라 예상되는 핵무기 능력을 갖추지 못하도록 막는 일은 이스라엘과 미국뿐만 아니라 모든 주요 서구 강대국들의 1순위 외교 정책이 되었고, 유엔 안전보장이사회에서 다루는 안건들까지 지배하기에 이르렀다. 미국과 그 동맹국들의 요청을 받은 유엔 안전보장이사회는 이란에 전례가 없을 만큼 엄중한 경제적 제재 조치를 취했다. 추가적으로 미국과 EU는 경제적으로 이란의 목을 조르기 위해 안전보장이사회가 취한 제재 조치를 뛰어넘는 별도의 추가 제제 조치들을 일방적으로 취해서 이란이 자체적으로 우라늄을 농축하려는 시도를 포기하도록 압박했다.

그러나 제재 조치들은 양면적인, 보기에 따라서는 반생산적이라 평가할 수 있는 효과를 가져왔다. 핵 외교와 관련하여 수년간 고위직에서 일했던 잘 알려진 전직 이란 정책입안자의 말을 옮기자면, "단순하게 말해서, 제제 조치의 진짜 목적이 일반적인 이란인들을 괴롭히는 것이었다면 조치는 성공했다. 만약 이란이 지금의 핵 프로그램을 중단하도록 강요할 의도였다면, 제재 조치는 실패를 넘어 실제로는 그 프로그램을 가속화하는 결과를 낳았다."

그는 계속해서 다음과 같이 지적했다.

국제원자력기구 보고서가 지적했듯이, 핵 프로그램과 관련해 제제 조치가 내려지기 전에 이란은 우라늄 농축기지와 3.5% 수준으로 우라늄을 농축하는 원심분리기 164대를 갖춘 시험 공장, 1세대 원심분리기, 약 100kg의 농축 우라늄을 비축하고 있었다. 오늘날 이란은 우라늄을 20%까지 농축할 수 있는 약 12,000대의 원심분리기를 갖춘 농축기지 두 곳과 최신 원심분리기를 보유하고 있으며 8,000kg이 넘는 농축 우라늄을 비축해놓고 있다.[34]

여기서 20%로 농축된 우라늄 123kg이 나올 것이라고 추산된다.[35]

34 세예드 호세인 무사비안, 〈이란 제재의 12가지 주요 결과〉, 《알모니터》, 2013년 5월 3일자. http://www.al-monitor.com/pulse/originals/2013/04/iran-sanctions-consequenceslist. html?utm_source=&utm_medium=email&utm_campaign=7138 (2013년 8월 30일 접속).

P5+1에 속하는 서구 국가들이 핵확산금지조약NPT이 보장한 우라늄 농축 권리를 포기하라고 테헤란에 가하는 심한 압박은 국제사회에서도 가장 강력한 힘을 발휘하는 일부 국가들에게 이 주제가 얼마나 중요한 문제인지를 알려주는 추가적인 힌트다. 이란은 나탄즈에 강화된 우라늄 농축공장을 짓고, 아라크에 연구용 중수로를, 신성한 도시 쿰에서 가까운 포르도에 우라늄 농축시설을 짓는 등 비밀스러운 행보를 취함으로써 부분적으로는 미국과 EU 국가들이 취한 강경한 태도를 유도해낸 책임이 있다. 대부분 이스라엘과 미국의 정보부 활동을 통해 2002년에 이란 나탄즈와 아라크의 핵 관련 시설이 드러나고 2009년에 보르도 핵 시설이 발각돼 압박을 받기 전까지 테헤란은 이런 활동들을 국제원자력기구에 공개하지 않았다. 게다가 테헤란은 파키스탄의 사기꾼 핵 과학자인 A. Q. 칸의 관계망을 통해 원심분리기와 원심분리 기술을 구매했다. 이런 사실 또한 원심분리기들이 이란에 설치된 지 몇 년이 지나서야 세상에 알려졌다.

이란의 이런 은밀한 행동들 때문에 국제원자력기구는 2006

35 〈이란, 핵폭탄 보유까지 얼마나 남았나?〉, 《이코노미스트》, 2013년 6월 26일자. http://www.economist.com/blogs/economist-explains/2013/06/economistexplains-17 (2013년 8월 30일 접속).

년에 유엔 안전보장이사회에 이 사안을 전달했고, 안전보장이사회는 다음해에 이란에 대해 경제제재 조치를 취하기로 결의했다. 2008년과 2010년에 테헤란이 우라늄 농축 계획을 포기하도록 강제하려면 이란 경제의 목을 죄어야 한다는 서구 강대국들의 주장에 따라 연이어 추가 제재 결의안들이 채택되어 이란에 대한 경제 봉쇄가 더욱 강화되었다. 2010년에 당시 안전보장이사회 회원국이던 터키와 브라질이 교착상태에 빠진 상황을 타개하기 위해 농축 우라늄 대부분을 해외로 반출하라고 이란을 설득했는데, 이란이 제안을 받아들일 의향이 있음을 시사했는데도 정작 미국이 추가 협상에 반대하고 나오면서 아무 소득 없이 끝난 일이 있었다.

테헤란은 자국의 핵 프로그램이 순수하게 민간 용도라고 주장하고 있지만, 이란에 폭탄을 투하할 것이냐 아니면 이란의 폭탄과 함께 살 것이냐는 논쟁의 핵심에는 이란이 비밀리에 핵무기 제조에 손대고 있다는 서구의 우려가 도사리고 있다. 권위 있는 미국 국가정보평가위NIE의 2007년 보고서가 이란이 2003년에 핵무기 프로그램에 관한 작업을 중단했다고 결론지었음에도 불구하고 논쟁은 계속된다. 《뉴욕 타임즈》에 따르면 공개되지 않은 국가정보평가위의 2010년도 보고서는 이란을 평가하며, "이란이 일부 무기와 연관된 기초 연구들을 진행하긴 했지만 2003년에 중단된 실제 무기 프로그램을 재개한 것으로는 보이지 않는다고 결론지었다."[36]

미국 국가정보국이 2013년 4월 11일에 미 하원 정보특별위원회에 내놓은 최근의 평가 자료는 아주 모호한 표현들을 동원해 모든 돌발 사태에 대처할 수 있도록 신중하게 말을 고른 것처럼 보였다. 일부를 보면 다음과 같다.

우리는 이란이 자신의 안보와 국가적 명성, 지역적 영향력을 확보하고 핵무기를 개발할 능력을 갖기 위해, 그러기 위해서는 결정이 내려져야 하겠지만, 핵능력을 개발하고 있다고 평가한다. 우리는 이란이 실제로 핵무기를 개발하기로 결심했는지는 알지 못한다. 테헤란은 우라늄 농축과 원자로, 탄도 미사일을 포함한 여러 영역에서 기술력을 발전시켜왔고, 결정만 내려진다면 이런 기술력을 바탕으로 미사일로 발사하는 핵무기를 개발할 수 있다. 이런 기술적 진전은 이란이 결국 핵무기를 개발할 수 있는 과학적, 기술적, 산업적 능력을 가지고 있다는 우리 평가에 힘을 실어준다. 이 점에서 볼 때 이란이 그럴 정치적 의도를 가

36 제임스 라이즌, 〈이라크 귀신에 사로잡힌 CIA, 이란을 붙잡고 늘어지다〉, 《뉴욕 타임즈》, 2012년 3월 31일자. http://www.nytimes.com/2012/04/01/world/middleeast/assessing-iran-but-thinking-about-iraq.html?pagewanted=all (2013년 8월 30일 접속).

지고 있느냐가 핵심 문제다. 이란은 지난해 신고한 시설과 우라늄 비축분을 이용하여 마음을 먹기만 하면 무기급 우라늄WGU을 생산할 수 있는 더 나은 입지를 만드는 측면에서 진전을 봤다는 점을 특별히 언급할 필요가 있다. 우리는 이런 진전에도 불구하고 이런 활동이 발견되기 전에 이란이 안전조치가 취해진 물질을 전환하여 무기급 가치가 있는 WGU를 생산하지는 못했다고 평가한다.[37]

미 정보계 최고위급에서 내놓은 이 전반적으로 공허하고 주저하는 티가 역력한 평가에도 불구하고 이란의 핵능력 보유는 시간문제라는 식의 억측이 계속된다(예상 시기는 매년 뒤로 늦춰지고 있지만). 이란 핵시설들에 공격을 감행하겠다는 이스라엘의 노골적인 위협과 미국의 암시적인 위협이 계속해서 증가하고 있다. 대통령을 포함한 미국의 고위급 정치인들이 끊임없이 '모든 가능성을 열어두고 있다'라고 언급하고 다니는 건 차치하더라도 말이다. 그러므로 우리는 이 소동 뒤에 숨은 진짜 이유들을 좀 더 파볼 필요가 있다. 진짜 이유를 이해하기 위해서는 이란의 핵 의지를 둘러싼 논쟁을 매우

---

37 제임스 R. 클래퍼, 국가안보국장, 2013년 4월 11일. http://www.dni.gov/files/documents/ Intelligence%20Reports/2013%20WWTA%20US%20IC%20SFR%20%20HPSCI%2011%20 Apr%202013.pdf (2013년 8월 30일 접속).

중요한 두 가지 변수와 연결하여 해석해야만 한다. 이 두 가지 변수는 이란의 의사결정에 영향을 줄 뿐만 아니라 이 논쟁에 관여하는 모든 참가자들의 견해에 영향을 미치고 있다.

이스라엘의 핵 무기고

두 변수 중 첫 번째는 이스라엘이 중동의 유일한 핵무기 강대국이라는 지위에 걸맞은 상당한 규모의 핵 무기고와 정교한 발사체계를 가지고 있다는 점이다. 더욱 중요한 것은 이스라엘이 자신의 안보 상황을 감안했을 때 자신이 중동 지역에서 핵무기 능력을 독점해야 한다고 말과 정책 면에서 끊임없이 주장해왔다는 사실이다. 또 다른 핵보유국이 등장해 핵억제력에 기초한 지역적 힘의 균형이 생길 경우 이 지역에서 자유롭게 운신할 수 있는 폭이 상당히 제한될 것이라고 판단하기 때문이다. 이스라엘이 이란의 핵능력 강화 프로그램을 반대하는 이유는 다른 무엇보다 바로 이런 판단 때문이다. 이란이 핵능력 강화 프로그램을 통해 확실한 핵무기 선택권을 보유하게 될 가능성은 물론, 심지어 미래의 어느 시점에 중동의 전반적인 힘의 균형을 바꿀 수 있는 핵 보복공격 능력도 보유하게 될 수 있기 때문이다.

이스라엘이 핵무기를 가지고 있다고 공개적으로 확인해준 적은 없지만 서구 정보계는 적어도 1960년대 후반부터 이스라엘의 핵무기 보유 사실을 알았고 1970년대 초에는 이 사실이 공공연한 상식이 되었다. 이스라엘의 핵 무기고는 다양한 크기와 위력을 지닌 수백 기에 이르는 핵탄두는 물론 이란까지 닿을 수 있는 미사일을 포함한 정교한 발사체계를 갖추며 확장되었다.[38] 핵무기 선택권을 보존하고자 하는 이스라엘의 욕망을 분명하게 알려주는 지표가 1968년에 가입을 받기 시작해 1970년에 시행된 핵확산금지조약NPT에 이스라엘이 가입을 거부하고 있다는 사실이다. 브라질과 인도와 같은 다른 '경계' 국가들은 미국으로부터 조약에 서명하고 비준하지 않으면 평화적 목적을 위해 핵기술을 활용하는 데에도 불이익을 당할 거라는 엄청난 압박을 받고 있었지만, 이스라엘은 핵확산금지조약 체제 바깥에 남아 있으면서도 미국과의 관계에 관한 한 어떠한 부정적인 결과로 고통받는 일이 없었다. 이스

---

38 에이브너 코헨, 《공공연한 비밀—이스라엘의 폭탄 흥정》, 콜롬비아대 출판부, 2012년. Avner Cohen, The Worst-Kept Secret: Israel's Bargain with the Bomb (New York: Columbia University Press, 2012).

라엘은 핵 프로그램을 투명하게 공개하고 핵확산금지조약의 영역 안으로 들어오라는 요청에 계속해서 저항한다.

말이 난 김에 밝히자면 이란은 제일 먼저 핵확산금지조약에 서명하고 비준한 국가들 중 하나다. 절대 권력을 가졌던 이란의 샤가 한때 핵무기 보유에 관심을 가졌다는 신호들이 있긴 하지만, 전략적이고 경제적인 이유에서뿐만 아니라 정권안보 차원에서라도 그의 중요 관심사는 미국의 측근 자리를 지키는 것이었다. 미국과의 전략적 동맹 관계를 맺고 있는데다 핵확산금지조약에까지 서명한 이란은 민간 목적의 핵 프로그램에 필수적인 핵물질과 서구의 실질적인 지식에 자유롭게 접근할 수 있는 권리를 보장받았고, 샤는 핵을 이용한 에너지 생산 계획에 막대한 자금을 투자했다. 이란이 핵확산금지조약에 서명하지 않았더라면 미국의 측근 자리를 지킨다는 목표는 심각한 어려움을 겪었을 것이다. 그러나 샤의 절친한 친구이자 이란 핵 프로그램의 아버지인 아크바르 에테마드는 핵확산금지조약에 서명하는 것이 이란의 핵무기 선택권을 영원히 포기하게 되는 것임을 암시하며 반대했는데, "그는 그것이 이란의 국가주권을 위협한다고 믿었기 때문"[39]이었다

---

39 데이비드 패트리카라코스, 《핵 이란—원자력 국가의 탄생》, I. B. 토리스, 2012년, 55쪽.

는 점을 짚고 넘어갈 필요가 있다. 그러나 샤는 이 사안에 대해서만큼은 에테마드의 의견을 내쳤다. 에테마드에 의하면 핵문제에 관련한 그의 조언을 샤가 받아들이지 않은 것은 그때가 유일했다고 한다.

이스라엘의 핵능력에다 아랍 적들을 상대로 한 몇 차례의 전쟁에서 과시됐던 재래식 군사력까지 감안하면, 이란 정책 입안자들의 눈에 이스라엘은 핵까지 포함하는 막강한 군사력으로 조국을 위협하는 상대였다. 특히 1979년에 이란 혁명이 일어난 이후로는 이란과 이스라엘의 관계가 거의 대체로 적대적이었기 때문에 더더욱 그랬다. 둘 사이가 적대적이 된 이유는 이스라엘이 1967년에 점령한 팔레스타인 영토에서 철수하기를 거부하는 와중에 이란이 팔레스타인 편에 서서 싸우고 예루살렘에 있는 이슬람 성지들을 이스라엘의 손아귀에서 해방시키겠다고 약속했기 때문이었다.

이란인들은 강대국들이 이스라엘과 미국의 특별한 관계 때문에 이스라엘의 핵무기에 대해서는 별다른 언급을 하지 않으면서 이란에게는 우라늄을 농축할 수 있는 권리를 포기하라고 압력을 가하는 것을 엄청난 권리침해라고 여긴다. 이스라엘의 핵위협이 상존하는 데다 주요 강대국들은 이스라엘에 핵 프로그램을 투명하게 공개하고 핵확산금지조약에 서명하여 국제원자력기구의 관리를 받으라고 압력을 가하기를 거부하니, 이런 상황 자체가 이란이 핵무기를 만들기로 결정한다면 그건 이스라엘의 핵능력을 억제하고 균형을 맞추기 위한 것이라는 이란의 논리에 일정한 근거를 제공한다.

미국과 이란

아마도 더 중요한 두 번째 변수는 이란이 핵능력을 추구하게 된 동기가 1979년 이란 혁명 이후 적대적으로 돌변한 미국과 이란 이슬람 공화국의 관계 때문이라는 사실이다. 많은 분석가들이 그 혁명이 민주적으로 선출된 이란 정부를 축출하고 샤를 다시 왕좌에 올린 미국이 기획한 1953년 쿠데타*에 대한 뒤늦은 반작용의 일부라고 판단한다. 혁명이 일어난 지 몇 달 후에 일군의 이란 학생들이 아야톨라 호메이니의 뒤늦은 축복을 받으며 444일 동안 미국 외교관들을 인질로 잡

★ 1953년 8월에 민주적으로 선출된 이란의 모하마드 모사덱 총리 정부를 축출한 군사쿠데타를 미국 CIA가 배후조종한 사실을 인정하는 내부 문서가 2013년 8월 19일에 공개됐다. - 옮긴이

는 사건이 있었다.★ 그들은 미국이 샤를 다시 권좌에 올려놓고 본질적으로 워싱턴의 꼭두각시인 왕조가 절대적인 권력을 휘두를 수 있도록 뒷받침하면서 1953년부터 1979년까지 이란 국민 전부를 '인질'로 삼았기 때문에 자신들은 그걸 그대로 미국에 돌려주고 있을 뿐이라며 자신들의 행동을 정당화했다. 인질 사태는 미국과 이란 관계를 완벽한 단절로 몰아갔고, 그 상황이 오늘날까지도 계속되고 있다.

이란과 미국 간에 꾸준하게 유지되는 상호적대감을 적나라하게 보여주는 1953년과 1979년 사건이 워싱턴과 테헤란으로부터의 상대에 대한 관점을 대체로 결정하고 있다. 이란의 핵 프로그램 건에서도 이런 모습이 분명하게 드러나는데, 이 사안에 대해 미국과 이란이 보여주는 견해차는 실로 엄청나다.

★ 이 사건은 이란 혁명이 일어난 지 얼마 되지 않은 1979년 11월부터 1981년 1월까지 이란의 과격파 학생 시위대가 테헤란에 있는 미 대사관에 난입해 약 70여 명의 외교관을 인질로 억류한 사건이다. 미국은 쫓겨난 팔레비 왕의 입국을 허용하고 이란산 원유에 대한 수입금지 조치와 미국에 있는 이란의 예금 전액과 공적 자산에 대한 동결 조치를 내리고 아라비아 해와 인도양에서 해군력을 과시하는 등 노골적으로 이란 혁명에 반대하는 입장을 취해 가뜩이나 반미 정서가 팽배하던 이란인들의 분노를 샀다. 팔레비의 신병을 요구하는 인질사태가 장기화되자 미국과 서구 동맹국들이 이란과 국교를 단절하고 단호한 경제 제재 조치에 돌입했고, 1980년 4월에는 미국이 특공대를 투입하여 무력으로 인질을 구출하려 시도했으나 실패로 끝났다. 1980년 9월에 호메이니가 다소 완화된 요구 조건을 제시하여 협상의 돌파구가 열렸고, 그 달에 이란-이라크 전쟁이 발발하면서 초조해진 이란이 미국과 협상에 응하게 되었다. 미국은 팔레비 왕정 당시의 재미 재산을 반환하는 데 동의했고, 444일 만인 1981년 1월 20일에 인질 전원이 석방되었다. ─ 옮긴이

대부분의 분석가들이 이란의 핵 정책과 이란－미국 관계를 다룰 때 원인과 결과를 혼동하는 실수를 저지른다. 이란의 핵 의지가 미국과의 적대적 관계의 원인은 아니다. 그보다 미국 과의 적대적인 관계가 가면 갈수록 핵무기 선택권을 지켜야 겠다는 쪽으로 테헤란을 이끌고 있다. 그러므로 이 문제는 심 각하게 정치적이고도 심리적인 문제이므로 이란이 핵확산금 지조약에 서명한 비핵 가입국으로서 지켜야 할 의무 중 몇 개 를 지키고 안 지키느냐라는 기술적인 수준의 문제로 축소될 수 없다.

사실상 이란에게 핵확산금지조약은 중요한 사안이 아니었 던 것 같다. 아크바르 에테마드에 따르면 "샤는 핵무기 개발 에 관한 한 모든 가능성을 열어놓고 싶어 했다"[40]라는 사실에 도 불구하고 샤는 1968년에 핵확산금지조약에 서명하며 이란 의 핵무기 능력 개발 권리를 여봐란듯이 포기했다. 1979년 이 슬람 혁명 후에 이란의 최고지도자가 된 아야톨라 호메이니 가 전쟁 중에 무고한 사람들에게 해를 입혀서는 안 된다는 이 슬람 율법을 어기기 때문에 대량살상무기WMD는 비이슬람적

---

40 주베이다 말리크, 〈이란을 핵으로 이끈 남자〉, 《BBC 뉴스 중동》, 2013년 3월 28일자, http://www.bbc.co.uk/news/world-middleeast-21938310 (2013년 8월 30일 접속).

이라고 선언한 것도 비슷한 맥락이다. 이란 정치 엘리트들이 핵무기와 그 효능에 대한 생각을 바꾸게 된 계기는 8년간 끌었던 이란-이라크 전쟁(1980~1988)이었다. 이 전쟁에서 화학무기들을 사용했던 이라크는 오시라크 원자로를 가동하고 있었고 이스라엘이 1981년에 이 오시라크 원자로를 폭격했던 사건도 있었던 만큼 이라크가 핵무기를 추구하고 있었던 정황은 분명했다. 이에 자극받은 이란은 민간 목적의 핵 프로그램에 박차를 가했고, 특히 혁명 이래로 지지부진한 상태로 있다 이라크의 폭격으로 심하게 망가진 부셰르 원자로를 재가동하기 시작했다. 핵에너지에 대한 테헤란의 새삼스런 관심은 전반적인 핵 처리 과정에 대한 지식을 축적하는 최종 목표를 향한 첫 걸음, 그러므로 핵무기 능력 보유에 더 가까이 다가가는 움직임으로도 해석될 수 있었다.

1988년에 이란-이라크 전쟁이 끝났을 때 이란인들은 조국에 주요한 군사적 위협을 가하는 나라가 이라크에서 미국으로 대체되었다고 느꼈다. 1988년에 발생한 이란 민간 여객기 격추 사건을 포함하여 이란-이라크 전쟁이 막바지로 치닫는 기간 내내 워싱턴이 취한 노골적인 반이란적 태도를 경험한 이란 정권은 미국이 자신에게 악의를 품고 있다고 확신하게 되었다. 1991년 제1차 걸프 전쟁에 대한 후속조치로서 페르시아 만 안팎으로 미군과 무기들이 대대적으로 배치되고, 미국이 쿠웨이트에서 이라크를 몰아내는 데 성공한 뒤에도 계속해서 그 지역에 공공연하게 군을 주둔시키는 것을 보고 이란의 우려는 더욱 증폭되었다. 이란 엘리트들은 미국의 이런 조치들을 보면서 석유가 풍부하게 매장된 이 지역을 미국이 정치·군사적으로 지배하려 획책하고 있으며, 그런 미국의 지배가 이란의 이해관계와 계획들에는 해로운 영향을 줄 것이라고 확신하게 되었다.

사막의 방패 작전(1990년)과 사막의 폭풍 작전(1991년)이 시작되면서 미국의 페르시아 만 전략이 변한 건 분명했다. 워싱턴은 이 지역에서 자신의 이해관계를 방어해주던 지역 대리인들을 포기하고 자신의 예비 해군력을 직접 연안에 배치했다. 미국은 이제 대규모 부대를 지상에 배치하기로 결정함으로써 미국이 직접 페르시아 만 지역과 그 일대에서 무소불위의 군사적 패권자가 됐다는 분명한 신호를 보냈다. 그러므로 이란은 지금까지 대면했던 간접적인 위협들과는 질적으로 다른 도전에 맞서기 위해 미국의 근본적인 정책 변화에 맞춰 자신의 전략을 재평가해야 했다. 이제 이란 주변에 자신의 군사력을 직접 배치하고 있는 세계 유일 초강대국의 압도적인 힘을 억제해야 하는 테헤란의 새로운 계산에는 모르긴 몰라도 아마 핵무기가 포함되었을 것이다.

미국의 의도와 군사력에 대한 이란의 우려는 미국이 21세기에 들자마자 10여 년에 걸쳐 수행한 '테러와의 전쟁' 탓에 엄청나게 커졌다. 이 작전은 미국과 그 동맹국들이 이란과 국경을 맞대고 있는 아프가니스탄과 이라크를 군사적으로 침공하는 사태로 이어졌다. 침공 이후 이라크에는 거의 10년을 끈 미국의 지배가 이어졌고, 아프가니스탄에는 미국이 후원하는 정부가 수립되었으며, 두 나라에는 적어도 2014년 말까지 계속해서 미국과 동맹 NATO의 군대가 주둔할 것으로 보인다.* 미국이 이란과 가까운 우즈베키스탄과 타지키스탄에 후방 미군기지를 세우자 포위될지 모른다는 이란의 공포는 더욱 커졌다. 미국의 후방 기지들은 알카에다와 탈레반을 상대로 미군이 아프가니스탄에서 벌이는 전투를 지원하고, 둘을 격파한 이후에는 탈레반이 이끈 소요사태를 진압하기 위해 아프가니스탄에 파견된 미군들의 후방 기지 역할을 했다. 엄청난 재래식 무기에다 핵무기까지 갖추고 페르시아 만과 아라비아

★ 2015년 말 현재까지도 주둔하고 있다.─옮긴이

해에 모여 있는 미 함대에다 미국이 이란 주변에 배치한 지상
군까지 더해서 판단했을 때, 이란 지도부는 미국이 테헤란을
조준하고 있으며 일단 이라크 점령과 아프가니스탄 평정이
완료되고 나면 관심을 이란으로 돌릴 것이라고 확신하게 되
었다.

　이란이 마지막 남은 인내심까지 잃게 된 결정적인 타격은
조지 W. 부시 대통령이 2002년 1월 연두교서에서 이라크와
북한과 함께 이란을 '악의 축'으로 묘사한 사건이었다. 이 연
설에 앞서 이란이 몇몇 은밀한 행보를 취하기는 했지만, 2001
년 12월에 독일 본에서 열린 아프가니스탄 관련 회의가 있은
지 몇 주도 안 돼서 이런 연설이 나왔다는 사실 때문에 이란
정책입안자들이 더욱 큰 충격을 받았다. 탈레반이 붕괴된 이
후의 아프가니스탄에 임시정부를 수립하는 문제에 관해 논
의했던 본 회의에서 이란은 미국이 선택한 하미드 카르자이
가 대통령이 될 수 있도록 미국에 협조했다. 이란이 협조하
지 않겠다고 결정했다면 그 결정은 아프가니스탄 내에서 타
지크인들이 지배하는 북부 연맹과 중앙 아프가니스탄에 주로
거주하는 시아파 하자라족, 타지크족 군사지도자인 이스마
일 칸이 지배하고 있는 아프가니스탄 서부의 헤라트를 중심

으로 카르자이를 대통령으로 삼으려는 미국의 시도를 무산시키기에는 충분한 정도의 영향력을 발휘했을 것이다. 본 회의에 미국 수석대표로 참여했던 제임스 도빈스는 그 회담에서 이란 외교부 차관이었던 자바드 자리프가 아프가니스탄에 있는 이란의 동맹세력들에게 미국의 계획에 협력하라고 설득하는 등 이란으로부터 놀라울 정도로 많은 협조를 받았다고 증언했다. 2007년 11월 7일 미 의회에서 열린 외교안보 소위원회 청문회에서 도빈스는 "자리프가 최종적인 논의의 진전을 끌어내지 않았더라면 카르자이 정부는 구성될 수 없었을 것이다"[41] 라고 단언했다.

이란이 아프가니스탄 문제와 관련하여 미국에 선의를 베풀었다는 맥락에서 볼 때, '악의 축' 발언은 이란 지도부를 경악케 했을 뿐만 아니라 미국이 이라크에서 했던 것처럼 이란에 대해서도 강제로 정권을 교체하는 것을 중요한 목표로 삼고 있음이 분명하다는 확신을 주었다. 더 나아가 테헤란은 미국이 이라크에서 그랬던 것처럼 정권교체를 한다는 핑계하에 이란이 중동의 패권을 잡으려는 이스라엘의 야망에 대항하는 억제력

---

41 제임스 도빈스, 〈이란과의 협상〉. http://www.rand.org/content/dam/rand/pubs/testimonies/2007/RAND_CT293.pdf (2013년 8월 30일 접속).

으로 성장할 가능성을 사전에 미리 차단하는 정도까지 이란의 군사력을 약화시키는 데 목표를 두고 있다고 확신했다.

그러므로 이란 정권을 향한 워싱턴의 적대감에다 이란 주변 해상과 지상에 대규모로 배치된 미군의 핵무기와 병력이 더해져 이란으로 하여금 자신의 조국에 이라크식 군사적 개입을 하려고 준비하는 미국에 대항하려면 억제책으로서 핵무기가 필요하다는 판단을 하게 유도하여 핵무기 능력 개발을 가속화하는 데에 필요한 정당화 논리를 제공했다고 생각해도 틀리지 않을 것이다. 미국이 핵무장한 북한을 대하는 태도와 핵무기를 보유하지 않은 이라크를 대하는 태도, 이어서 카다피가 서구의 우려를 불식시키기 위해 아주 원시적인 수준이었던 핵무기 프로그램을 자발적으로 포기한 뒤에 리비아를 대하는 태도가 다른 것을 본 테헤란에게 핵무기 능력을 개발하자는 선택이 특히 매력적으로 보였으리라고 짐작할 수 있다.

테헤란이 이스라엘과 미국한테서 느끼는 안보 우려에 덧붙여 이란 주변에 러시아, 중국, 파키스탄, 인도와 같은 핵무장한 이웃국가들이 있다는 사실도 잊지 말아야 한다. 이란이 처한 이런 지정학적 지형은 핵무기는 없더라도 적어도 상대적으로 짧은 시간에 핵무기를 생산할 수 있는 핵물질과 핵무기 개발 지식을 보유함으로써 지역의 주요 강대국으로 인정받고 자 하는 이란의 노력을 무색케 한다. 그런 이란의 입장을 인정해준 사람이 다름 아닌 미국과 이스라엘이 이란의 핵능력을 박탈하기 위해 이란을 공격해야 한다고 집요하게 주장했던 이스라엘의 강경파 전 국방장관인 에후드 바라크였다. 바라크는 어느 기회에 솔직하게 속내를 드러내며 이란이 핵무기 능력을 추구하는 것이 전략적으로 봤을 때 합리적임을 인정했다. 2011년 11월에 평판이 좋은 PBS 대담 프로그램인 '찰리 로즈'에 출연한 그는 자신이 이란 정부의 장관이라면 핵무기를 보유하고 싶을 것 같으냐는 질문을 받았다. 바라크는 아주 단호하게 대답했다. "아마도, 아마도요. 전 그게 아니라는 걸, 제 말은, 그들이 순전히 이스라엘 때문에 그런다고 저 자신을 속이지 않습니다. 그들도 주변을 봅니다. 그들은 알아요, 인도도 핵, 중국도 핵, 파키스탄도 핵, 러시아는 말할 것도 없지요."[42] 이란이 핵무기가 권력과 특권을 살 수 있는 화폐로 여겨지는 동네에 있다는 사실은 명확하고, 이런 상황은 테헤란이 핵무기 선택권을 영구히 포기하는 걸 더 어렵게 만든다. 친미 입장이었던 샤조차도 생각지 않았던 상황이다.

42 에후드 바라크, 〈인터뷰〉, 찰리 로즈, 2011년 11월 15일, http://www.youtube.com/watch?v=KSKXQI1QhLw (2013년 9월 3일 접속).

해결되지 않은 사안들

핵억제력을 위해서든 국가적 위세를 위해서든 아니면 둘 다를 위해서든 핵무기를 보유하고자 하는 열망과 공격적인 목적으로 그 무기들을 사용하는 건 완전히 다른 얘기다. 문제는 이란의 핵강화 프로그램에 관해 P5+1과 이란 사이에서 엄청나게 복잡한 협상들을 해온 정책입안자들과 서구 분석가들이 핵무기 보유 열망이라는 가정에서 공격적인 핵무기 사용이라는 가정으로 바로 건너뛴다는 점이다. 이란이 가지고 있는 안보와 국가적 위신에 대한 우려에 충분한 무게를 두지 않은 것은 물론 이 사안이 내포하고 있는 이런 측면들을 제대로 짚어보는 데 관심이 없었기 때문이다. 이란 핵 프로그램을 추동하는 이처럼 중요한 동기들을 제대로 짚지 않고서는 테헤란이 받아들일 수 있는 해법을 찾을 수 없다.

이 방안을 제외한 다른 길은 이란 침공과 같은 대규모 재앙으로 마무리되는 것일 테고, 이란 침공이 상상도 할 수 없는 결과들을 낳을 거라는 건 예측할 수 있다. 이 선택지는 계속해서 열려 있는 가능성으로 제시된다. 특히 이스라엘 총리인 베냐민 네타냐후가 이 선택지를 밀고 있고, 현재 진행되고 있는 P5+1과 이란 간 협상이 이란의 우라늄 농축 권리를 놓고 확연히 갈라지는 양측의 입장차를 좁히지 못하고 있기 때문이다. EU 외교안보 고위대표인 캐서린 애쉬턴이 2013년 4월 카자흐스탄 알마티에서 열린 회담 끝에 양측이 이 중대한 사안에 대해 확연한 입장차를 좁히지 못했다고 발표할 때 분명하게 이런 정서를 내비쳤다.

이 회담들을 둘러싼 허튼소리들을 다 차단하고 나면 지금의 틀 안에서는 타협할 수 없는 몇 가지 지점들이 있다는 사실이 명확해진다. 첫 번째는 P5+1이 민간 목적에 필요한 수준까지 우라늄을 농축할 수 있는 이란의 권리를 무조건적으로 인정해야 한다는 이란의 주장이다. 이란은 이 권리가 핵확산금지조약 제4조에 의해 보장된 권리라고 주장한다. P5+1은 이 권리가 핵확산금지조약에 명시되어 있는 사실임에도 불구하고 계속해서 이 권리를 인정하기를 거부해왔다. P5+1이 고수하는 이런 태도는 핵 프로그램과 관련된 일부 행보들을 국제원자력기구의 감독을 피해 숨기려 했던 이란에게도 일부 책임이 있긴 하지만, 지금에 와서는 테헤란의 작위와 부작위의 선을 넘어 서구 강대국들이 꼭 지켜야겠다고 다짐하는 원칙의 문제가 되어버린 듯하다. 두 번째는 핵강화 문제에 대해

이란이 어떤 양보를 할 경우 반드시 그에 상응하여 유엔 안전
보장이사회가 이란에 가한 중대한 경제 제재 조치들과 미국
과 EU가 일방적으로 취한 제재 조치들이 즉시 해제되어야 하
고, P5+1은 제재 조치 해제가 이란의 '태도'에 달려 있다는 모
호한 언급들을 내놓기보다는 즉각적이고도 명백하게 대가를
내놓아야 한다는 이란의 주장이다.

　그러나 P5+1은 이란이 자체적으로 우라늄을 농축해서는
안 되며 국제원자력기구나 다른 국제적 감시하에 연료봉을
해외로 옮겨 농축한 다음 민간 목적으로 쓸 수 있도록 이란
에 돌려보내야 한다고 주장한다. 이 주장이 담고 있는 기본적
인 생각은 단순히 이란의 우라늄이 어느 수준으로 농축되는
지 감시하겠다는 것만이 아니라 현존하는 이란의 우라늄 농
축 시설을 해체함으로써 무기급 핵물질을 만드는 데 사용할
것이 분명하다는 의심을 받고 있는 우라늄 농축 능력을 발전
시킬 수 있는 여지 자체를 제거해버리는 것이다. 이란은 이런
요구가 부담스러울 뿐만 아니라 국가의 주권을 손상시킨다고
생각한다.

　게다가 P5+1(특히 그중에서서 서구 네 국가)은 이란이 무
기를 제조하는 데 필요한 최저 수준에도 한참 못 미치는 수

준, 아마도 20%가 될 것으로 보이는 그 일정 수준 이상으로는 우라늄을 농축하지 않겠다고 약속하는데도 그 대가로 주요한 제재 조치들을 해제하기를 마뜩찮아 한다. P5+1은 이란이 우라늄 농축 능력을 포기하는 구체적인 행동을 봐가며 하찮은 것부터 시작해 조금씩 제재 조치를 해제하겠다고 고집한다. P5+1은 이 과정의 끝에 가야만, 이란이 자신들의 요구를 완전히 승낙하고 자신들이 만족했을 때에만 주요한 제재 조치들이 해제될 것이라고 주장한다. 테헤란은 이런 조건을 받아들일 수 없다고 생각한다. 잘 알려진 이란 분석가의 말을 빌리자면, "P5+1은 … 이란에게 다이아몬드를 내주고 땅콩을 받으라고 요구한다. … 이란에게 20%(우라늄 농축)에서 멈추라고 … (그리고) 추가의정서에 명시된 선을 넘어서는 보다 폭넓은 접근권을 국제원자력기구에 주라고 요구한다. P5+1이 원하는 것은 실질적으로 다이아몬드다. … 그들이 이란에 비행기 부품 판매 재개를 (대가로) 제안할 거라면, 그거야말로 땅콩이다."[43]

이스라엘과 미국이 이란의 핵 프로그램 진척 속도를 몇 년

43 크리스티안 아만푸르의 호세인 무사비안 인터뷰, CNN, 2012sus 5월 23일자, 호세인 무사비안의 〈이란, 미국, 그리고 대량살상무기〉, 《서바이벌》 54(5)호, 2012년 10~11월호, 191쪽에서 인용.

늦추기 위해 이란의 핵 시설들에 대한 폭격으로 시작하는 군
사적 대치 상황을 향해 부단히 움직이고 있는 것처럼 보인 적
이 지난 몇 년 사이에도 여러 번 있었다. 이스라엘이 열심히
선전했던 이런 작전은 통제를 벗어날 가능성이 크고, 공격을
당할 경우 미국과 이스라엘뿐만 아니라 자신에 대항하는 용
도로 사용될 수 있는 미국의 주요 기지들이 포진해 있는 사우
디아라비아와 바레인, 카타르와 같은 미국의 중동 지역 동맹
국들도 공격하겠다고 맹세한 이란과의 전면적인 대결 상황에
미국을 밀어 넣을 것이다.

　게다가 이란은 이라크와 아프가니스탄에서 미국과 그 동맹
들의 운신을 극도로 어렵게 만들 수 있을 만큼 두 나라의 중
요 세력들에 충분한 영향력을 행사하고 있다. 지금까지 이란
의 이해와 협조를 구해 이란과 미국 사이에서 조심스럽게 균
형을 잡으려 노력했던 이라크의 시아파 정부도 이란이 미국
의 공격을 받을 경우에 미국과의 관계를 변함없이 이어가기
는 어려울 것이다. 아프가니스탄에 혼란을 일으킬 수 있는 이
란의 능력을 얕보아서도 안 된다. 어떤 식으로든 이란을 공
격하면 아프가니스탄에 주둔하고 있는 미군과 동맹국 부대와
미국이 후원하는 카불의 정부를 상대로 전례 없는 테러 행위

들이 일어날 수밖에 없다. 이란의 동맹인 레바논 헤즈볼라는 이란에 대한 공격이 발생하면 미사일로 이스라엘 표적들을 공격할 것이 틀림없고, 그래서 또 다른 전선을 개시하게 될 것이다.

이란은 또 공격을 받으면 전 세계 원유 운송량의 1/3이 통과하는 호르무즈 해협을 막아 페르시아 만 산유국들이 세계 시장으로 원유를 내놓지 못하게 막겠다고 선언했다. 장기적으로 이란이 그런 작전을 벌이는 데 성공하느냐 여부와 상관없이, 이런 일이 일어날 수 있다는 공포가 유조선 보험료율과 유가를 천정부지로 치솟게 할 것이고, 가뜩이나 위태로운 상태인 세계 경제를 더욱 위협할 것이다. 이란을 공격할 경우 사우디아라비아 사우드 왕가와 몇몇 걸프 만 왕가들로부터 은밀히 박수를 받긴 하겠지만, 무슬림 세계에서 이미 역사상 최저 수준으로 떨어져 있는 미국의 평판은 더욱 급락할 것이다. 중동 지역에 시아파와 수니파 간 분열이 있긴 하지만, 미국과 이스라엘이 단독으로, 또는 손을 잡고서 이란의 핵시설을 공격한다면 수니파와 시아파 할 것 없이 이미 상당수 무슬림들이 내려놓은 "미국이 이슬람을 상대로 전쟁을 벌이고 있다"는 결론이 확산될 것이다. 미국과 특히 유럽에 있는 테러리스트 휴면 조직들이 활성화될 것이 거의 틀림없고, 이들은 서구 선진국들에 대혼란을 야기하려 시도할 것이다. 이런 시나리오의 어느 한 부분만 실제로 펼쳐진다 해도 중동에 대한 미국의 전략적, 경제적 이해관계는 심각하게, 그리고 아마도 돌이킬 수 없게 손상될 것이다.

덧붙이자면, 미국의 권위 있는 국가안보 분석가들과 전직 정책입안자들이 이란 프로젝트에 대해 작성한 어느 보고서에 반영된 것처럼, 미국의 군사전략계 내부의 전반적인 공감대는 다음과 같다.

미국이 단독으로 또는 이스라엘과 함께 대대적인 군사적 공격을 감행할 경우 이란에 있는 가장 중요하다고 알려진 여섯 개의 핵시설들을 파괴하거나 심각한 손상을 입힐 수 있고, 이란의 핵 프로그램을 최대 4년까지 되돌릴 수 있다. 정보에 근거하여 우리는 이스라엘이 단독으로 군사적 공격을 가했을 경우 이란의 핵폭탄 제조를 최대 2년까지 늦출 수 있다고 추정한다.[44]

이처럼 고도로 위험한 모험을 감행해봐야 이란의 핵 프로

ᛉ
44 〈이란 프로젝트, 이란에 대한 군사 행동의 득과 실〉, 2012년, http://www.wilsoncenter. org/sites/default/files/IranReport_091112_FINAL.pdf (2013년 8월 30일 접속).

그램은 고작 몇 년 늦춰질 것이며, 더욱 중요하게는 이란이 핵무기 능력을 보유하려는 노력을 배가할 것이고, 그것도 핵확산금지조약을 탈퇴한 뒤에 공공연하게 진행할 것이라는 사실은 분명하다. 이란에 대한 공격은 또한 지금 이란을 지배하고 있는 정권의 생명을 더 연장해줄 것이고, 이란의 대중 여론을 정부를 지지하는 방향으로 결집시킬 것이며, 중동에 존재하는 유일한 친서방 인구를 미국과 유럽에 단호하게 반대하는 입장으로 돌려놓을 것이다. 그런 작전이 중동 지역에서 핵을 독점하고 있는 이스라엘의 지위를 잠시나마 연장해 줄지는 모르겠지만, 이 지역에 대한 미국과 유럽의 이해관계는 어마어마한 희생을 치르게 될 것이다.

탈출구

미국과 서방이 이 난제에서 벗어나는 유일한 길은 능동적이고 성실하게 이스라엘과 이란 모두를 포함하는 중동비핵무기지대MENWFZ 설립을 지지하는 것이다. 진부한 사고방식을 가진 미국과 유럽의 많은 국가들은 대체로 중동비핵지대에 대한 이스라엘 정치조직들의 반대 때문에 이런 선택의 가능성 자체를 일축한다. 미국의 경우에는 미국이스라엘공공 문제위원회AIPAC가 미 정부의 입법 및 실행 조직들에 가하는 영향력 때문에 워싱턴이 이 방안을 재고할 가치가 없다고 여 기는 것으로 해석해 생각할 수 있다. 그러나 이스라엘이 중동 비핵지대라는 선택지를 반대할 것이라는 비관적 전망은 이스 라엘 유대인의 64%가 "비핵지대가 이스라엘이 핵무기를 포기 해야 한다는 걸 의미한다고 설명해줬을 때조차 이 발상을 선 호했다. ... (그리고) 응답자의 60%는 지역적 군축을 향한 단 계로서 이스라엘과 이란을 포함한 모든 핵시설에 대한 '철저 한 국제적 조사 체계'가 있어야 한다고 대답"[45] 했음을 보여주 는 2012년 여론조사 결과에 의해 반박된다.

짧게 잡아도 이집트와 이란이 중동비핵지대와 같은 유의 지대를 창설해야 한다고 발의한 결의안이 유엔 총회를 통과한 1974년 이후로 중동비핵지대는 오랫동안 논의 테이블에 올라 있다. 5년마다 열리는 핵확산금지조약 검토회의에서 중동 가 입국들은 매번 이 안건을 제기했다. 이란은 이스라엘도 포함

---

45 쉬블리 텔하미, 스티븐 쿨, 〈평화롭게 핵 이란 방지하기〉, 《인터내셔널 헤럴드 트리 뷴》, 2012년 1월 15일. http://www.nytimes.com/2012/01/16/opinion/preventing-a-nuclear- iranpeacefully.html (2013년 8월 30일 접속).

한다는 조건으로 몇 년째 중동비핵지대 요구에 지지를 표명해 왔는데, 가장 최근으로는 2010년 4월에 개최한 핵군축 회의에서였다. 2010년 핵확산금지조약 검토회의 최종 보고서는 1995년에 제안된 중동 비핵지대화를 위한 논의를 진척시키기 위해 2012년에 모든 중동 국가들이 모이는 회의를 개최할 것을 요구했다. 이 보고서는 또한 이스라엘에 핵확산금지조약에 서명할 것과 "모든 핵시설들을 국제원자력기구의 ... 포괄적인 안전조치를 받게 할 것"을 요구했다. 이스라엘은 즉각 그 요청을 거절했다.

이란은 원래 이스라엘이 핵확산금지조약에 가입하는 조건으로 중동비핵지대에 참가하기로 했지만 2012년 11월에 갑작스레 결정을 번복했다. 그러나 2012년 12월 중순에 핀란드 헬싱키에서 열릴 예정이었던 회의는 주로는 핵확산금지조약이 후원하는 이 회의에 참가하기를 꺼리는 이스라엘 때문에 2013년으로 연기되었다. 이 회의는 2012년 11월 23일에 "이 회의는 중동의 현재 상황과 회의 개최에 필요한 조건에 대해 이 지역 국가들이 합의하지 못한 사실 때문에 소집될 수 없다"[46]라는 이스라엘의 입장을 옹호하는 듯한 성명을 발표한

46 패트리샤 M. 루이스, 〈핵무기 없는 중동─실현 가능한가?〉, 《인터내셔널 어페어》, 89(2)호, 2013년 3월, 441쪽.

미국에 의해 결국에는 무산되었다.

이런 좌절에도 불구하고 중동비핵지대 구상은 유토피아를 그리는 것이 아니다. 중동이 비핵무기 지대로 선언되는 것 외의 유일한 대안은 이란에 대한 이스라엘과 미국의 전쟁 위협으로 대표되는 긴 불안의 세월을 보내거나 불확실하고 위험하며 반생산적인 결과들로 이어질 수 있는 실질적인 침공뿐이다. 앞에서 제시했던 것처럼, 이란을 침공한다고 해서 이란의 무기 프로그램을 중단시킬 수 있을 것 같지 않다. 오히려 더 가속화시킬 가능성이 높다. 자칫하면 미국과 이스라엘이 계속 격년에 한 번씩 이란 핵시설을 폭격하는 상황으로 이어질 수도 있는데, 중동에 대한 미국의 이해관계 면에서나 이 지역의 안정화 면에서나 재앙이 아닐 수 없다. 대신에 이스라엘과 이란 간 불안정한 전쟁 억제력 상황은 양쪽이 핵 보복공격 능력을 개발하고 상호확증파괴MAD에 기초해 전쟁억제 상태를 안정화할 때까지 수년 또는 수십 년 동안 지속될 수밖에 없다. 동시에 터키와 사우디아라비아와 같은 이 지역의 다른 국가들은 자신들도 승인을 받지 않은 비밀스러운 핵무기 프로그램을 가동시켜야 할 것 같은 압박을 느낄 테고, 이는 중동에 핵 확산 연쇄반응을 일으킬 것이다. 그러므로 미국이 이스라엘에 철통 안보를 보장하고 자신의 핵 안보 우산 아래 둠으로써 이스라엘이 이런 지대의 창설을 지지하도록 설득할 뿐만 아니라 압박을 가해 참여하게 만들 수만 있다면 중동비핵지대는 가장 덜 불안한 선택지로 보인다. 어떻게 되든 이스라엘이 사실상 그런 안보 우산을 누리고 있는 건 현실이다. 워싱턴이 할 일은 이것을 정당한 것으로 바꾸는 것뿐이다.

이란 핵 문제를 성공적으로 다루기 위해 극복해야 할 다른 주요 걸림돌은 1979년 이란 혁명 이후로 내내 지속된 미국과 이란 간의 신뢰 결여 문제다. 상호 신뢰를 재건하기 위해서는 양측이 정치적, 심리적 장벽을 극복해야 한다. 그러나 이것은 워싱턴과 테헤란이 과거로부터, 특히 그동안 놓쳐버렸던 기회들로부터 교훈을 얻고, 동맹국들이나 자국 유권자들을 달래기 위해 서로를 위협하는 일을 그만둘 때에만 가능하다.[47]

2013년 이란 대통령 선거에서 온건파 성직자인 하산 루하니가 대통령으로 선출되어 8월에 취임하면서 미국에게는 이란과 두 나라를 갈라놓은 사안들을 전 방위적으로 논의할 수 있는 새로운 기회가 열렸다. 루하니는 테헤란이 주요 유럽 강대국들과 핵 프로그램 관련 사안을 논의하면서 신뢰 형성 수

---

47 이런 구상에 대한 설득력 있는 탄원을 다음에서 볼 수 있다. 트리타 파르시, 《단 한 번의 주사위 던지기》, 예일대 출판부, 재판본, 2012년.

단의 하나로 일시적으로 우라늄농축 작업을 중단했던 2003년부터 2005년 사이에 이란의 수석 핵 협상가였다. 이란의 정치 엘리트들 대다수가 커다란 양보라고 생각한 이런 조치 때문에, 특히 이런 조치가 서구 강대국들로부터 그에 상당하는 긍정적인 반응들을 이끌어내지 못했기 때문에 루하니는 이란 내에서 엄청난 비판에 직면했다. 우라늄농축 작업 중단 결정은 2005년에 마흐무드 아흐마디네자드가 대통령으로 선출되면서 번복되었다.

이런 경험에도 불구하고 루하니는 전임자에 비해 핵 문제에 대해서 P5+1과, 특히 그중에서 미국과 협상할 용의가 많은 것으로 알려져 있다. 그가 자바드 자리프를 외무장관으로 임명했다는 사실은 미국을 대하는 태도에 있어 더 큰 탄력성을 보여줄 의향이 있다는 신호다. 자리프는 루하니가 이란의 2003년 우라늄농축 중단 결정을 이끈 협상을 진행할 때 루하니 팀의 핵심 구성원이었다. 앞에서 말했듯이 자리프 역시 미국의 총아였던 하미드 카르자이를 아프가니스탄 대통령 자리에 앉힌 2002년 본 회의의 이란 측 수석 설계가이기도 했다. 덴버대학교에서 박사학위를 받고 유창한 영어를 구사하는 자리프는 미국과의 관계 문제에 관한 한 이성적이고 온건한 의견을 내는 인물로 이란 안팎에서 인정받았다. 이것이 그가 아흐마디네자드 집권 기간 동안 일선에서 물러나 있었던 이유 중 하나이기도 했다. 자리프는 또한 P5+1과의 다음 회기 회담에 이란의 수석 핵 협상가로 임명될 것으로 예측된다. 루하니-자리프 팀은 어쨌든 이란 핵 프로그램 문제에 대해 보다 투명한 태도를 보일 것이며, 조건부이긴 하겠지만 국제원자력기구가 계속 요구해 왔던 테헤란 인근 파르친 군사기지에 접근할 수 있도록 허가할지도 모른다.

그러나 테헤란이 방어 자세를 바꾼다 해서 이란과 미국 간에 긴장을 유발하는 근본적인 사안들이 저절로 해결되는 것은 아니다. 이들 사안들은 두 정부 간에 포괄적인 전략적 대화가 있기 전까지는 해결될 수 없다. 미국과 이란 관계에 연관된 여러 사안과 우려들 중에서 이란의 핵능력 강화 프로그램을 둘러싼 논란만 끄집어내 대응하거나, 그것을 이란을 타격하는 방망이로 사용하는 데 목적을 두는 전략은 루하니 집권 시기에조차 실패하게 될 것이다. 정책입안자의 개인적 선호와 정권의 성격조차도 개인적 특질과 정권의 성격을 초월하는 국가적 이해관계를 이길 수는 없기 때문이다. 이란의 대미 정책을 주도하는 것은 뿌리 깊은 국가적 이해관계이며, 이란―미국 관계에 어느 정도의 정중함을 되찾기 위해서는 민감하고 수용적인 태도로 이들 문제에 대응할 필요가 있다.

그러므로 워싱턴은 보다 이성적인 이란의 새 대통령이 제시하는 기회를 잡아 핵능력 강화 문제와 그에 관한 협상을 넘어 포괄적인 사안들, 그중에서도 페르시아 만 지역의 핵심적인 강대국인 이란의 역할과 더 넓은 중동 지역에서 주요 강대국으로 인정받고자 하는 이란의 열망에 어울리는 사안들에 대해 대화를 시작하는 것을 심각하게 고려하는 것이 중요하다. 필요한 것은 이런 이란의 목표들이 어떻게 이 지역에 대한 미국의 안보 및 경제적 이해관계들과 화합할 수 있는지에 대한, 여러 차례 거듭될 수밖에 없는 미국―이란 간 전략적 대화다. 미국―이란 친교 회복은 이란의 핵 능력 강화 프로그램 논쟁이 그저 이 관계에 영향을 미치는 근본적인 불안의 증상일 뿐 근본적인 원인은 아니라는 사실을 인식하지 않고서는 얻을 수 없다. 그러나 만약 이런 사실을 인지하지 못하고서 이스라엘과 미국의 협조하에서든, 아니면 이스라엘 단독이든 이란을 겨냥한 군사 행동을 감행한다면 '테러와의 전쟁'과 미국의 아프가니스탄과 이라크 침공이 무색해질 정도의 충돌이 중동을 삼켜버릴 것이다.

제6장

중동은
붕괴될 것인가?

아랍의 봄에서 열기가 빠져나가며 고장 난 정치체제와 실패하고 있는 국가, 대리전, 점차 늘어가는 이슬람 극단주의의 재등장 가능성이 뒤섞인 진창이 남았다. 북아프리카에서부터 페르시아 만에 이르기까지 거의 모든 중동 지역에 영향을 미쳤던 아랍 봉기들 초기의 격렬했던 몇 달 동안 많은 분석가들이 예상했던 아랍 세계의 미래는 이런 것이 아니었다.

이들 봉기들이 아랍 세계의 국가 구조에 충격을 가해 자주 불안을 야기해 온 것은 분명하다. 앞 장들에서 설명했듯이 리비아와 시리아, 예멘과 같이 국가와 민족의 개념이 정확하게 일치하지 않고 권위적인 정권이 국가를 하나로 묶어주는 주요 접착제 역할을 하는 취약한 국가들이 다양한 수위의 국가 해체를 경험했다. 리비아와 예멘에서는 중앙정부에서 발행한 문서들이 수도와 주요 지방 도시들의 경계를 넘어가면 통용되지 않는 경우가 많고, 독재자와 부족 단위 정치관계망이라는 무자비한 존재가 응집력 있는 사회와 정당한 정치 제도들이 제공하는 시민들의 연대를 대체했다. 조금만 나아가면 거의 완전한 국가실패가 코앞이다.

북부의 반란과 남부의 분리 위협에다 근본적인 지리적, 이념적, 부족적, 인적 차이를 조정하지 못하는 정치엘리트까지 더해 예멘은 혼란 상태에 있다. 리비아는 지리적으로나 부족적인 측면에서 분리된 사회다. 게다가 리비아 국가의 영향력이 미치는 범위는 자의적으로 법을 집행하는 십여 개의 무장단체들 탓에 상당히 제약되어 있다. 무기를 든 이런 자치 집단들이 점차 리비아의 문제들과 갈등들을 남쪽 이웃들, 특히 말리에 수출하고 있다. 리비아와 예멘이 완전히 해체되지 않은 주요한 이유가 국제사회 구성원들이 이들을 여전히 하나의 법적 실체로 인정하기 때문이라는 점이 분명해지고 있다.

강한 국가라는 이미지를 풍기던 시리아는 모래 위에 세운 누각임이 드러났다. 지난 40여 년에 걸친 아사드 정권의 가혹한 압제는 기저에 깔린 국가 체제의 취약성을 숨겼을 뿐만 아니라 정권은 물론 국가 자체의 정당성을 약화시키는 데 일조했다. 폭동에 맞서 끝까지 싸우겠다는 바샤르 알 아사드의 결정과 다양한 성격의 주체들이 얽혀 있는 반대파의 구성은 이

제 단일하고 통일된 실체로서의 시리아 국가의 존재 자체를 위협하고 있다. 지금의 시리아 상황은 아사드 정권이 몰락하면 시리아 국가가 종파와 부족에 따라 분열할 가능성을 분명히 드러낸다.

2013년 8월에 시리아 내전에 화학무기가 사용됐고, 대체로 정부군의 소행으로 의심된다는 보고가 시리아 사태를 더욱 복잡하게 몰아갔다. 2012년 8월에 오바마 대통령이 시리아 사태에서 화학무기 사용은 '금지선'이며 만약 시리아 정권이 이 선을 넘는다면 미국은 무력으로 대응할 것이라고 단언했기 때문이다.

이집트의 군사쿠데타

그러나 민족적 정체성이 국가적 정체성과 대체로 일치하고 국가의 통일성이 문제시되지 않는 이집트에서조차 봉기는 사회적 분열과 이념적 분리를 확대시켰고 사회 전체를 갈가리 찢어놓을 듯 위협했다. 민주주의로의 전이가 비선형적인 건 사실이다. 대체로 그 길에서 많은 장해물들과 마주하게 되고 일시적인 퇴행들로 고통받는다. 그러나 아랍의 봄은 가장 중요한 아랍 국가인 이 나라에서 가장 극적이고 어쩌면 되돌릴 수 없을지도 모르는 퇴행을 경험했다. 이집트에서 처음으로 국민에 의해 선출된 정부가 2013년 7월에 군사쿠데타로 제거되고, 무슬림형제단에 동조하는 시위자들을 군대와 경찰이 무차별 학살하여 천여 명이 넘는 사망자를 낸 사건은, 일부 행위가 타흐리르 광장에 모인 환호하는 군중의 지지를 받긴 했지만 기본적으로는 무바라크 독재 시절의 가장 암울한 날들로 후퇴하는 것이었다. 한 평론가는 다음과 같이 지적했다.

지금 군부는 시위자들에게 동의한다. 그러나 다음번엔, 시위자들이 군부가 관심 없어 하는 어떤 것을 요구할 때, 그들은 매우 다른 운명을 맞게 될 것이다. 오늘 그들은 '국민'이라 불리지만, 내일 그들에게는 치안을 방해하는 파괴분자들이란 이름표가 붙여질 것이다. 지금으로부터 일 년 후, 무르시 씨가 축출된 것을 기념하며 춤을 추던 꿈 많은 청년들은 무슬림형제단 옆 감방에 갇힌 신세일지도 모른다.[48]

48 칼리드 M. 아부 엘 파들, 〈국민쿠데타'의 위기〉, 《뉴욕 타임즈》, 2013년 7월 7일. http://www.nytimes.com/2013/07/08/opinion/the-perils-ofa-peoples-coup.html?ref=global (2013년 9월 2일 접속).

무르시 대통령과 무슬림형제단이 야당 없이 제헌의회를 소집해 헌법을 제정하려고 서두르는 등 중대한 실수들을 저지른 건 사실이다. 그러나 그 헌법은 국민투표에 붙여졌고 투표자의 거의 3분의 2가 찬성했다는 사실을 고려해야 한다. 게다가 무슬림형제단이 저지른 '월권' 행위들은 많은 경우가 세속주의 여당들이 채택한 비협조적인, 사실상 철저히 의사진행을 방해하는 전략 때문에 강요된 것들이었다. 다른 건 차치하더라도, 무슬림형제단은 이런 상황 속에서 자신의 권리를 행사하기 위해서 보다 극단적인 이슬람주의 의제들을 가지고 있는 살라피주의 정당들에 더 의존할 수밖에 없게 되었고, 이런 살라피주의 의제 일부가 무르시의 감독 아래 초안이 만들어진 헌법에 반영되었다.

설상가상으로, 특히 무바라크 시절에 임명된 재판관들이 그대로 남아 계속해서 옛 정권에 충성을 바치던 헌법재판소를 필두로 한 사법부는 의회 기관이 제대로 작동하는 것과 헌법에 기초한 정부가 세워지는 것을 막기 위해 최선을 다했다. 역시나 무바라크 시대 사람들이 자리를 차지하고서 혼란을 가중시키기 위해 부지런히 움직이는 경찰을 통제하지 못한 무르시의 무능도 최고위층의 결단력이 부족하다는 느낌을 주는 데 일조하면서 무슬림형제단 통치 일 년 동안 이집트 국민들이 경험한 불안을 가중시켰다. 무엇보다 군부가 예산 권한까지 포함한 자치권을 다시 행사할 수 있도록 허용한 결정은 군부에 시민의 감시와 공적 책임 요구가 닿지 못하도록 보호하는 역할을 했다. 여기에 무르시가 이념적 동지라고 잘못 믿었던 시시 장군을 국방부 장관에 임명한 사실까지 더해져 명목적으로 군통수권자인 대통령이 국가의 최고 강제기구에 대한 통제력을 완전히 상실하는 사태를 불러왔고, 이것이 그를 대통령직에서 축출한 2013년 7월 쿠데타를 위한 길을 닦은 셈이 되었다.

이집트에서 최초로 선거로 뽑힌 대통령과 정부가 축출된 것은 이집트 입장에서 보든 더 넓은 아랍 세계 입장에서 보든 민주주의의 미래를 위해 좋은 징조가 아니다. 이집트가 전통적으로 아랍 세계에서 해온 지도적 역할을 감안하면 이집트 봉기는 몇 주 앞서 일어난 튀니지의 봉기보다 더 강력하게 아랍의 봄이 시작됐음을 알리는 역할을 했다. 이와 유사하게 이집트의 봄이 만들어낸 민선 정부가 강제로 제거된 것은 그 격렬했던 시기의 끝을 알리는 것 같다. 이 사건은 이미 시리아에서 일어난 걷잡을 수 없는 유혈 내전과 바레인에서 일어난 민주화 운동세력들에 대한 잔인한 억압과 리비아와 예멘에서 일어난 무질서에 가까운 혼란과 더불어 이미 무덤가에 놓인 아랍의 봄 관 뚜껑에 마지막 못을 박는 것이나 마찬가지였다. 이슬람주의 정당이 통치하는 튀니지 역시 길거리 시위에 직면했고, 이런 비우호적인 환경에서 얼마나 오래 민주주의의 요새로 서 있을 수 있을지는 의문이다.

이슬람 급진주의에 대한 후원

아랍 세계 정치적 이슬람의 요람인 이집트에서 무슬림형제단이 이끄는 정부가 축출된 사건은 중동 지역 전체에 걸쳐 온건한 입헌주의 이슬람주의자들에 대한 대중의 신뢰를 심각하게 갉아먹을 것으로 예상된다. 제2장에서 지적했듯이 이집트 무슬림형제단은 1970년대부터 시작하여 상당한 변화를 이뤄냈다. 무장 투쟁을 주장했던 과거를 내던지고 2011년까지 그랬던 것처럼 입헌적 환경이 자신에게 불리한 상황에서조차 입헌주의의 제약 안에서 정치적 게임을 벌이기로 결정했다. 다른 말로 하자면, 무슬림형제단의 정치적 실용주의가 이념적 순수주의를 이기고 민주주의의 중심에 놓여 있는 타협과 정치적 주고받기의 가치를 내재화하는 데로 이끌었다. 무르시의 당선은 이 드라마 최고의 장면이었고 주류 이슬람주의 정당이 이슬람주의 지향을 버리지 않고서도 게임의 규칙을 받아들여 민주주의 체제 안에서 움직이는 데 아무런 모순이 없다는 사실을 알렸다.

이집트 무슬림형제단이 얻은 선거 결과는 민주주의가 이슬람과 양립할 수 있는가라는, 더욱 중요하게는 이슬람주의 정당들이 정권을 잡을 경우 그들에 반대하는 국내와 국외 세력들의 방해를 받지 않고 통치하도록 허락될 것인가라는 문제를 놓고 벌어진 이슬람주의 내부의 투쟁에서 온건파 이슬람주의자들에 중요한 승리를 안겨주었다. 무르시 대통령 축출과 뒤이은 잔인한 억압으로부터 중동 이슬람주의자들이 배웠을 것으로 생각되는 주요한 교훈은 자신들이 아무리 많은 타협을 해도 이집트 무슬림형제단이 그랬던 것처럼 국내에서건 국제정치 무대에서건 권력을 행사하도록 허락되지 않을 것이라는 확신이다. 이런 상황은 주류 이슬람주의자들의 상당 부분을 민주주의와 이념적 타협을 거부하고 국내외의 기존 이해관계들에 의해 이슬람주의 운동세력들은 절대 투표함을 통해 권력을 얻거나 유지하도록 허락되지 않을 것이라고 믿는 극단주의자들의 품으로 떠밀 것이다. 앞서 얘기한, 1990년대에 이슬람주의 정당이 선거에서 이긴 후에 군부에 권력을 빼앗긴 알제리 사례와 함께 이집트의 대실패는 극단주의 주장들의 호소력을 증가시킬 것이 분명하다.

이처럼 타협을 거부하는 진영의 한 분파는 그들을 압박하는 '체제'뿐만 아니라 그 체제를 지지하는 외부의 지지자들에 대항해 무기를 드는 데 주저함이 없다. 환멸을 느낀 이집트의 주류 이슬람주의자들 일부가 이런 무장투쟁 흐름에 가담하기로 결정하고 무기를 들어 이미 불안한 이 지역에 더 심각한 무정부상태와 혼란이 번질 가능성을 높일 게 거의 분명하다. 1980년대와 1990년대에 비주류 이슬람주의 단체들에 의한 테러의 온상이었던 이집트가 다시 한 번 정부 고위 인사들과 서구 관광객들을 겨냥한 테러의 무대로 변질되는 모습을 보지 않는다는 보장은 없다.

온건파 이슬람주의자들의 손실은 이집트 경우로만 국한되지 않는다. 중동 안팎의 이슬람주의자들은 이집트 이슬람주의자들과 똑같은 교훈을 끌어낼 것이다. 권력으로 가는 합법적 길이 막혀 있다면, 그들 중에서 폭력을 통해 그 길을 열 수 있다고 생각하는 사람의 숫자가 늘어날 것이다. 환멸을 느낀 이슬람주의자들 일부는 알카에다와 연계된 초국가적 테러조직에 합류하여 이집트 군사정권에 대한 전통적인 지지자들, 특히 국무부장관을 통해 2013년 7월 3일 일어난 군사쿠데타가 이집트에 '민주주의를 회복'하는 하나의 단계라고 표현한 오웰적인 성명서를 발표한 미국에게 자신들의 분노를 표출하려 할 수도 있다. 온건파 이슬람주의자들의 상당수가 게임의 규칙이 자신들에게는 절대 공정하게 적용되지 않을 것이며 힘과 대중적 인기를 얻기 위해 폭력을 포함하는 초법적인 길을 찾아야겠다고 느낄 것이 분명하다. 그들이 이런 판단 때문에 민주주의 경로를 포기하게 되면 온건파와 급진주의 간 이슬람주의 내부 투쟁과 테러와의 전쟁 양쪽에서 얻은 성과의 많은 부분이 침식될 것으로 보인다. 무르시 대통령을 권좌에서 몰아냄으로써 이집트 장성들은 민주주의 명분뿐만 아니라 중동에서의 이슬람 근대화의 명분에도 상당한 피해를 주었다.[49]

이집트 쿠데타에 대한 지역의 반응들을 살펴보는 것도 흥미로울 것이다. 무슬림 중동에서 유일하게 제대로 작동하는

---

49 에드 후사인, 〈이집트, 급진주의에 불을 당기다〉, 《뉴욕 타임즈》, 2013년 7월 3일자. http://www.nytimes.com/2013/07/04/opinion/global/egypt-risksthe-fire-of-radicalism. html?pagewanted=all (2013년 9월 2일 접속).

민주주의와 이슬람주의 뿌리를 가진 여당이 있는 터키는 매우 강한 어조로 군부의 정권 탈취를 비난했다. 무엇보다도 이집트에서 벌어진 이 사건이 집권 정의개발당의 상당한 노력과 반발 끝에 민간의 통제를 받게 만든 터키군의 태도에 영향을 미치는 걸 원치 않았기 때문이었다. 정치적으로 가장 조용한 형태의 정치적 이슬람을 표방하는 자국과는 반대되는, 이슬람주의와 인민주의를 결합한 무슬림형제단을 우려하고 있던 사우디아라비아는 무르시 축출에 매우 기뻐하는 듯했고, 무력을 이용한 정권 탈취를 축하하는 축전을 시시 장군에게 보냈다. 이에 덧붙여 사우디아라비아와 걸프협력회의 동료 회원국들인 아랍에미리트연방과 쿠웨이트는 비틀거리는 이집트 경제를 지탱하고 무슬림형제단의 권력 회복을 막기 위해 이집트 군부가 수립한 새로운 정부에 즉각 120억 달러(약 13조 6천억 원)를 원조하겠다고 밝혔다. 이집트에 관해 상반된 의견을 보여주는 터키와 사우디아라비아가 시리아에 대해서는 협력하는 모습은 두 국가가 낯선 동반자일 뿐이며 둘이 보여주는 유사한 반아사드 태도 이면에는 각자가 장기적으로 중동을 바라보는 근본적으로 다른 시각이 숨어있다는 점을 분명하게 드러낸다.

수니파와 시아파 간 분리

이슬람주의 내부 투쟁은 더 이상 중동 인구의 다수를 차지하는 수니파 이슬람 내부의 온건파와 급진파 간 투쟁에 국한되지 않는다. 이에 병행하여 수니파 급진파와 시아파 급진파 간 전쟁이 특히 양 종파에 속한 인구가 수적으로 거의 대등하게 나눠진 채 수천 년을 이웃하며 살아온 이라크와 시리아, 레바논에서 끓어오르기 시작했다. 이런 종파적 투쟁은 상당수 시아파 인구들이 수니파 왕조의 지배를 받으며 살고 있는 페르시아 만 연안 아랍 국가들인 바레인과 동부 사우디아라비아, 특히 쿠웨이트에 영향을 주고 있다.

수니파와 시아파가 갈라진 건 이슬람이 태동하던 첫 세기까지 거슬러 올라가지만, 최근의 분리 상황은 미국이 이라크를 침공하고, 그에 따라 아랍 세계의 심장부에 자리 잡아 비옥한 초승달 지역을 페르시아 만 지역과 연결해주는, 풍부하게 석유가 매장돼 있는 이 나라의 종파 간 힘의 균형이 변한 때를 기원으로 볼 수 있다. 억압적이었던 사담 정권이 전통적인 의미에서 볼 때 종파적이지는 않았지만 수니파인 자신의 친족과 혈족에 상당히 의지했던 건 사실이었다. 사담 정권이 종파적이지 않았다는 건 대부분이 수니파인 쿠르드족뿐만 아니라 정권에 대항하는 수니파 반대자들에 대해서도 가혹하고 심지어 비인간적이기까지 한 취급을 보면 알 수 있다. 수니파가 지배한다는 인상을 준 것은 이라크 남부에서 다수를 차지하는 아랍인 시아파 인구가 비아랍인인 쿠르드족을 제외하면 바트당 집권 시기 동안 이라크에서 가장 반항적이었으며 여러 차례 반란을 일으켜 사담이 엄청난 폭력을 써서 진압해야만 했기 때문일 것이다.

미국의 정책입안자들은 2003년에 사담 정권을 무너뜨린 침공의 결과로 종파적 색안경을 끼고 이라크 정치현장을 보게 되었다. 그들은 수니파 아랍인들이 나쁜 놈들이고 시아파 아랍인들이 좋은 놈이라고 결론을 내렸고, 시아파를 선호하는 정책을 펼쳐 수니파의 이해관계에 해를 끼쳤다. 이는 미국의 점령에 대항하는 대대적인 수니파 폭동을 부채질했을 뿐만 아니라 이라크의 아랍인 대중을 종파에 따라 나눠놓았다. 미군정이 민간 관료체계와 바트당을 분리시키는 동시에 친바트당 성향으로 추정되는 이라크 군대를 해체하는 쌍둥이 정책을 실시하면서 분리는 더 강화되었다. 이들 정책들은 이라크 정부를 거의 완전한 붕괴로 몰아갔고, 이라크인 개개인과 공동체들로 하여금 종파적 정체성에서 피난처를 찾고 스스로를 무장 종파 단체에 연계시켜 더 이상 국가가 제공해줄 수 없는 안전을 무장 종파 단체들의 보호에서 구하도록 만들었다. 그 결과로 이따금씩 일어나는 종파적 충돌이 전면적인 전쟁으로 이어졌다.

강화된 수니파−시아파 분리는 특히 시아파 다와당의 누리 알 말리키가 이란의 지원을 받아 국민연합 대표로서 두 번째로 총리에 취임한 2010년 11월 이후 갈수록 바그다드의 중앙정부 구성에 반영되었다. 시아파 진영 자체가 세 개의 주요 그룹인 다와, 이라크 이슬람최고회의SCIRI, 사드주의자들로 나뉘져 있기 하지만, 알 말리키는 갈수록 자신과 심복들의 손에 권력을 집중시키면서 연합 안에서 수니파 동료들을 소외시켰고, 2011년 말에 미군이 이라크를 떠나자마자 수니파 반대자들을 제거하기 시작했다. 이 전략은 부메랑이 되었다. 수니파가 정치적으로 무력상태에 빠졌다는 공감대가 불씨가 되어 2007년 이후로 잠잠해졌던 수니파 폭동이 2012년에 재개되기에 이르렀다. 그 결과, 주로는 알카에다에 연계된 수니파 극단주의자들이 저지르는 자살 폭탄 공격 형태의 종파적 살해 건수가 2013년에 기하급수적으로 늘어나 2013년은 2003년 미국 침공 이후 이라크 역사에서 가장 선혈이 낭자한 해 중 하나가 되었다.

이라크의 수니파─시아파 분리는 고립된 사건이 아니다. 이런 상황은 특히 아랍의 봄과 관련하여 바레인과 시리아에서 벌어진 사건들로 인해 지역 전체의 종파 간 긴장 관계가 자극받은 상황을 반영하는 동시에 또 한편으로 영향을 주었다. 이라크에서 시아파가 부상한 시기는 이라크에 대한 이란의 영향력이 증가한 시기와 일치한다. 이라크에 대한 이란의 영향이 증가한 것은 미국이 이란의 숙적인 사담 후세인을 권좌에서 끌어내리면서 발생한 의도치 않은 부작용이었다. 그러므로 사우디아라비아가 주도하는 이 지역 주변의 수니파 독재자들은 시아파가 다수를 차지하는 이란과 이라크에다 시아파 인구가 많고 시아파인 헤즈볼라가 주요한 정치적 역할을 맡고 있는 레바논, 이란에 호의적인 시아 이슬람의 분파로 여겨지는 알라위파와 이란의 가까운 동맹인 아사드 정권이 있는 시리아를 포함하여 '시아파 초승달'을 구축하려는 이란의 정교한 전략이 있다고 여기거나 최소한 의심하고 있다.

그러므로 이라크와 나아가 레바논과 시리아에서 벌어지는 종파 갈등은 제4장에서 설명했듯이 풍부한 석유가 매장된 페르시아 만 지역의 지도자 역할을 놓고 이미 경합 중이던 시아파 이란과 와하비주의 사우디아라비아 간 국지적 냉전의 일부가 되었다. 사우디의 후원을 받는 수니파 왕조에 반대해 시아파 시민들이 주가 되어 일으킨 봉기를 왕조가 사우디군의 도움을 받아 억압했던 바레인 사태는 리야드와 테헤란 간 긴장관계에 도를 더했다. 마지막으로, 두 강대국이 대립하며 시리아 내전에 개입하는 것은 수니파-시아파 분리가 이제는 중동 정치의 근본적인 분리선이 되었다는 견해에 힘을 실어주었다.[50]

종파적 분리가 강화되고 이란이 중동에서 주요한 시아파 강대국이긴 하지만, 이 정도를 가지고 이란의 후견 아래 '시아파 초승달'이 구축되고 있다고 주장하는 것은 과장이다. 중동의 시아파는 정체성이 뚜렷하게 구분되는 아랍 시아파와 페르시아 시아파로 나뉜다. 아랍 시아파는 또 부족과 국적과 이념에 따라 나뉜다. 이란을 지배하는 페르시아 시아파 최고 성직자들은 성직자들이 국정에 적극적으로 참여해야 한다고

50 제니브 앱도, 《새로운 종파주의-아랍 봉기와 시아-수니 분리의 재탄생》, 브루킹스연구소 사반중동정책센터 분석보고서 29호, 2013년 4월. http://www.brookings.edu/~/media/research/files/papers/2013/04/sunni%20shia%20abdo/sunni%20shia%20abdo.pdf (2013년 9월 2일).

권장하지만, 이라크의 최고 성직자인 아야톨라 알 시스타니를 포함하는 주도적인 아랍 시아파 인물들 일부는 이란의 이념을 추종하지 않는다. 이라크 시아파 교육의 중심인 나자프와 이란의 교육 중심지인 쿰 간의 경쟁이 아랍 시아주의와 페르시아 시아주의의 차별화된 궤적을 더욱 강화한다. 이라크와 레바논에 시아파의 정치적 영향력이 증가하는 것은 이란의 음모가 만들어낸 현상이 아니라 대체로 그 나라의 인구통계학적 현실과 아랍 시아파의 정치적 의식과 대중 동원력이 향상된 것이 반영된 것이다.

제4장에서 다뤘듯이, 시리아-이란 동맹은 시리아의 알라위파가 주류 시아파에 속하지 않고 대부분의 시아파들로부터 이단으로 평가되기 때문에 기본적으로 종파적 유사성이 아니라 전략적 요인에 의해 추동된 것이다. '시아파 초승달'이라는 수사를 매개로 삼아 수니파가 다수인 중동을 이란이 위협하고 있는 것으로 묘사하려는 사우디아라비아와 그 동맹들의 시도는 사우디아라비아에 대한 수니파의 지지를 집결시키려는 것이지 그 지역의 정치적 현실을 적절하게 반영하고 있지는 않다. 그럼에도 불구하고, 사우디 정권은 '시아파 초승달'이라는 수사를 선전 도구로 매우 유용하게 사용하며 중동의

수니-시아 분리를 강화하고 이미 불안한 이 지역의 상황을 상당히 악화시키고 있다.

요약

아랍의 봄이 해방시킨 여러 힘들은 중동에 이미 존재하던 문제들을 강화했을 뿐만 아니라 거기에다 새로운 차원들을 추가했다. 국가실패의 유령과 민주화 과정의 역전을 놓고 벌어지는 생사의 투쟁, 이슬람주의 운동의 재급진화, 수니파와 시아파 간 종파투쟁의 격화, 지역적 경쟁 심화가 동시에 중동을 덮치면서 이 지역에 대규모 붕괴 또는 서로 연관된 일련의 붕괴가 발생할 전망을 증가시키고 있다.

이런 분쟁거리에다 이스라엘-팔레스타인 분쟁이 해결되지 않고 이스라엘이나 미국, 또는 둘이 서로 연합하여 이란 핵시설 공격을 감행할 경우에 이 지역이 입을 수 있는 피해를 추가한다면 중동 지역 전체가 내전에 빠질 위험은 기하급수적으로 증가한다. 이 두 결정적인 사안들을 앞서 자세하게 다루기는 했지만, 두 사안이 이 지역의 향후 안정에 어떤 결과를 안겨줄지를 다루는 것도 가치가 있을 것이다.

나는 제3장에서 분석했던 이유들로 인해 이스라엘 – 팔레스타인 분쟁이 두 국가 해법을 시행하기에는 너무 늦었다고 생각한다. 이 사안에 대해 벌어질 진짜 전투는 그게 순수하게 모두가 동등한 권리를 가지는 두 민족으로 구성된 민주 국가든 아니면 한 종교 – 민족 집단이 나머지 인구를 지배하는 아파르트헤이트 국가든 한 국가 해법의 성격에 관한 것이 될 것이다. 모든 신호들은 후자의 결과를 가리키고 있는데, 갈수록 폭력의 강도를 더해가며 지역의 다른 국가들뿐만 아니라 주요 강대국들까지 끌어들일 끝나지 않는 전쟁의 결과는 하나의 아파르트헤이트 국가가 될 것이다. 이런 결론은 워싱턴이 이스라엘과 맺고 있는 밀접한 관계와 무조건적인 지지 때문에 이 지역에서 미국의 입지를 엄청나게 축소시킬 것이다.

표면상으로는 이란의 우라늄 농축 권리와 은밀히 핵무기 능력을 보유하려는 열망을 놓고 벌어지는 논쟁인 것으로 보이는 핵 문제는 실제로는 중동의 핵 균형이라는 근본적인 사안에 연관돼 있다. 이 사안은 오직 두 방안 중 하나로만 해결될 수 있다. 이스라엘과 이란을 모두 포함하는 중동비핵무기지대를 창설하든지, 아니면 냉전 기간 동안 세계적 차원에서 미국과 소련 간에 핵 억지력이 작동했던 것과 똑같이 이 지역에 다소간의 안정을 가져다 줄 두 핵 강대국 간 핵 억제 상태를 만드는 것이다.[51] 이란 핵시설을 폭격하는 것은 영원히 첫 번째 선택지를 배제하는 것인데다 이 지역에 고강도 분쟁과 불안정성을 가져다줄 것이다. 게다가 그런 전략은 핵무기를 보유하겠다는 이란의 결정을, 그것도 공개적으로 아무 거리낌 없이 보유하겠다는 결정을 강화할 것이기 때문에 두 번째 선택지를 일시적으로 미룰 뿐 결국에는 채택할 수밖에 없는 상황을 만들 것이다. 지금이야말로 주요 강대국들, 특히 이란과의 협상에 참여하고 있는 P5+1이 자신들이 어떤 결과를 선호하는지 결정을 해야 할 때이다.

아랍의 봄으로 이미 확대된 분쟁 요소들에다 이스라엘 – 팔레스타인 문제와 핵 대치 문제까지 추가한다면 중동은 사방으로 내부붕괴/외부폭발 할 화약통 위에 앉게 된다는 것이 최소한의 공감대다. 이런 사안들의 많은 수가 내적으로 상호 연관되어 있는 것을 감안하다면, 연쇄 반응이 일어나 이 지역

---

51 중동에서 이스라엘과 이란 간에 핵 억지력을 갖추는 것의 미덕에 대해서는 20세기의 탁월한 구조현실주의 학자인 고 케네스 N. 왈츠가 쓴 그의 마지막 주요 논문을 참조하라. 케네스 N. 왈츠, 〈왜 이란이 핵폭탄을 가져야 하는가–핵 균형은 안정이다〉, 《외교》 91(4)호, 2012년 7~8월호, 2~5쪽.

전체를 삼켜버리고는 중동, 그중에서도 페르시아 만 지역에 집중된, 한편으로는 유럽과 일본의 경제에 필수적이고 다른 한편으로는 중국과 인도에도 필수적인 에너지 보유고를 위협하는 상황을 배제하지 못할 것이다.

그러므로 "중동은 붕괴할 것인가?"라는 질문에 간단하게 단언할 수 있는 답은 없지만, 붕괴할 수 있는 가능성은 지난 몇 년 사이에 아랍 세계에서 일어난 봉기 덕분에 해방된 힘들이 가세하는 바람에 몇 배나 증가했다. 이들은 옛 질서를 심각하게 위축시켰지만 이 지역의 국내외적인 문제들을 규제할 수 있는 대안 모델을 창출하는 데는 성공하지 못했다. 이런 체계의 붕괴는 제1차 세계대전이 일어나기 전 단계에 유럽이 분명하게 보여줬던 것처럼 종종 고도의 불안정성과 분쟁의 전조가 된다. 중동은 그와 유사한 비극의 가장자리에 서 있는 것 같다.

맺음말

원고가 마감된 후에 이 책에서 다룬 두 가지 주요 사안과 관련하여 몇 가지 주요한 변화가 있었다. 독자들에게 최근의 상황을 알리기 위해 간단하게나마 언급할 필요가 있어 보인다.

시리아 화학무기 사태

미국과 러시아 간 대립으로 이어질 위험이 있는 첫 번째 사건은 시리아 내전에서 화학무기가 사용된 건이다. 이 사건은 거의 시리아 정부의 사령부와 통신 시설을 포함하는 여러 지점에 대한 미국의 폭격으로 이어질 뻔했다. 시리아 사태가 중대한 국면을 맞게 된 사건은 2013년 8월 21일 다마스쿠스 외곽에 대규모 화학무기 공격이 가해지면서 발생했다. 아사드와 그의 지지자들이 반박하고 있기는 하지만 추산에 따르면 1,400여 명의 사망자가 발생했다. 이 지역 방문을 허가받은 유엔 조사관들이 화학무기가 사용됐다고 확인하긴 했지만 보고서는 어느 쪽에서 사용했는지는 확실하게 알 수 없다고 기록했다. 그럼에도 불구하고 2012년 8월에 화학무기 사용은 '금지선'이며 이를 넘을 시는 미국의 군사적 반응이 있을 것이라고 발표했던 오바마 대통령은 시리아 목표 지점들을 공중 폭격하겠다고, 아마도 크루즈 미사일을 동원한 공격이 가장 유력할 것이라고 위협했다. 그는 미국과 동맹국 정보부의 뒷받침이 있다고만 말하며 아사드 정권이 이 화학무기 사용에 책임이 있다는 추정에 근거하여 입장을 발표했다.

미 국무장관 존 케리의 즉흥 연설 비슷한 것에 근거하여 러시아 외교부의 발 빠른 몇몇이 시리아 정권에 국제적 조사를 허용하고 종국에는 화학무기 비축분을 파기하여 임박한 미국의 공습 위험을 피하라고 설득했다. 오바마에게 그런 공습을 실행할 권한을 주기 마뜩찮았던 의회도 미국 대통령이 외교적인 사태 해결에 순순히 응하도록 만들었다. 미국이 시리아를 폭격하겠다는 위협을 현실화시켰다면 분쟁을 엄청나게 격화시키는 결과를 낳았을 것이고, 시리아 내부의 군사적 균형을 반아사드 진영 쪽으로 결정적으로 기울였을 것이다. 게다가 폭격은 워싱턴과 모스크바 간에 탈냉전 시대에는 전례를 찾아보기 힘들 대결 국면으로 이어졌을 것이다.

그러나 이런 분쟁 격화의 위험은 아직 끝나지 않았다. 이 건에 대해 유엔 안전보장이사회에서 만장일치로 통과된 결의안이 법적으로 구속력이 있는 요구 두 가지를 시리아에 제시했기 때문이다. 시리아는 화학무기 비축분을 폐기할 것과 UN이 인정한 화학무기 전문가들이 이들 무기에 자유롭게 접근할 수 있도록 해야 할 것이 그 요구다. 시리아가 응낙하지 않으면, 이런 상황은 이 나라의 불안정한 상황을 고려했을 때 여러 가지로 해석될 수 있지만, 결의안은 이사회가 유엔 헌장 제7조에 의거해 행동에 나설 수 있도록 허가한다. 매우 단호하게 군사적 행동에 반대하는 러시아와 군사적 선택지를 계속 살려두고자 하는 미국 간에 합의가 없기 때문에 어떤 수준의 행동까지 가능할까가 핵심적인 문제로 남는다. 이 말은 그런 행동에 나서려면 안전보장이사회의 또 다른 표결을 통해서 승인을 받아야 하기 때문에 시리아의 불응이 자동적으로 군사적 공격을 유발하지는 않을 것이며, 미국과 그 동맹국들에게는 안전보장이사회의 인준을 받고 공격할 것인지 인준을 받지 않고 공격할 것인지 선택해야 할 여지가 있음을 의미한다.

사태가 흘러가면서 오바마 정부가 한편으로는 시리아 정

권이 심각하게 약화되면 반아사드 전투의 최전선에서 싸우고 있을 뿐만 아니라 초국적인 반서구 의제들도 가지고 있는 알카에다에 연계된 극단주의 지하드 단체들에게 유리하게 돌아갈 것이라는 서구의 우려 때문에 시리아 공격을 감행하는 걸 주저하는 것이 분명해졌다. 그런 상황을 묵인하고 싶지 않았던 미국은 외교적 해법으로 사태를 진정시키자는 데 합의했고, 아사드가 축출되면 화학무기 비축분이 이슬람주의 극단주의자들의 손에 떨어질지도 모른다고 두려워한 러시아는 시리아 정권에게도 이를 받아들이라고 설득했다.

화학무기 사태가 지금 당장은 진정됐지만, 그 해결은 시리아 정치체제가 마주하고 있는 근본적인 문제, 즉 협상을 통해서든 다른 방식을 통해서든 지난 40여 년간 이 나라를 지배해온 아사드 일가와 종파적 독재는 제거하면서도 국가 구조는 대체로 그대로 남겨두는 형태로 내전을 종식할 수 있는가란 문제와 함께 그대로 남아 있다. 정권과 국가가 시리아에서는 사실상 동의어라는 사실을 감안하면, 이 목표를 달성하는 것은 갈수록 불가능해지는 것처럼 보인다. 내전이 길어질수록 이 분쟁에 대한 외부의 개입은 더 커지고, 분쟁 이후의 시리아가 지금의 국경 안에서 부상할 가능성은 적어질 것 같다.

이는 시리아뿐만 아니라 종파와 신앙, 부족 면에서 훨씬 더 분리돼 있는 이웃 레바논과 이라크에서도 국가 해체라는 무서운 가능성을 열어놓는다. 시리아의 해체는 제1차 세계대전 말에 영국과 프랑스가 오스만 제국의 아랍 영역에 적용한 사이크스−피코 협정*에 기초한 지역 질서 전반의 해체 신호가 될 것이다.

이란의 '매력 공세'

두 번째 주요한 사건은 2013년 8월에 취임한 이란의 하산 루하니 대통령의 새 정부가 취하고 있는, 흔히 이란의 '매력 공세'라 불리는 것의 시작이다. 매력 공세는 루하니가 취임 한 달 뒤에 유엔 총회에서 연설하기 위해 정중하고

★ 사이크스 피코 협정(Sykes–Picot Agreement)은 협상을 맡은 프랑스 외교관 프랑수아 조르주 피코와 영국 외교관 마크 사이크스의 이름을 따서 지은 이름으로 공식 명칭은 소아시아 협정(Asia Minor Agreement)이다. 러시아제국의 동의 아래 대영제국과 프랑스 간에 맺은 비밀 합의로 제1차 세계대전 이후 오스만 제국을 격파한 이후에 중동을 어떻게 나눠 가질 것인가에 대한 협정이었다. 1915년 11월부터 협상에 들어가 1916년 5월에 합의에 이르렀다. 영국은 요르단 강 서쪽의 팔레스타인과 요르단, 이라크 남부, 그 외 항구 지역과 지중해에 대한 점유권을 얻었고, 프랑스는 터키 남동부, 이라크 북부, 시리아, 레바논 지역을 얻었다. 점령한 지역에 임의로 주 경계를 설정할 수 있도록 하였다. − 옮긴이

세련된 외무장관 자바드 자리프를 대동하고 뉴욕을 방문했을 때 정점에 달했다. 루하니는 유엔 총회 연설과 뉴욕 도착 며칠 전에 발표된 《워싱턴 포스트》 특집 기사 모두에서 매우 회유적인 어조를 채택했다.[52] 그는 이란은 절대 핵무기 보유를 추구하지 않으며 핵무기 보유가 안보 원칙의 일부도 아니라고 단언했다. 그는 이란은 P5+1과 이란의 핵 프로그램 문제에 대해 진진하게 협상함으로써 이 사안에 대한 국제사회의 우려를 진정시킬 의향이 있다고 자신 있게 말했다. 루하니의 유엔 방문은 공항으로 가는 길에 오바마 대통령과 가진 15분간의 정중한 전화 통화로 마무리됐다. 이란과 P5+1이 모두 진지하게 바뀐 환경하에 협상에 임할 것이라는 사실은 외무장관 자리프가 뉴욕에서 P5+1의 외무장관들과 EU 외무장관 캐서린 애쉬턴과 가진 회담과 따로 미 국무장관 존 케리를 만난 자리에서 극명하게 드러났다. 신문 보도에 따르면 이들 회담 당시와 이후의 분위기는 매우 긍정적이었다.

　루하니의 성명과 이란 대통령이 뉴욕에 도착하기 전에 오

ⵊ

52　하산 루하니, 〈이란은 왜 건설적인 관계를 추구하는가〉, 《워싱턴 포스트》, 2013년 9월 19일자. http://www.washingtonpost.com/opinions/president-of-iran-hassan-rouhani-time-to-engage/2013/09/19/4d2da564-213e-11e3-966c-9c4293c47ebe_story.html (2013년 10월 3일 접속).

바마가 보낸 편지 형식의 예비교섭문과 앞에서 말한 전화통화는 미국-이란 관계를 둘러싼 분위기를 눈에 띄게 바꿔놓았다. 그러나 이란의 우라늄 농축 프로그램과 이란에 내려져 있는 경제 제재 조치 해제에 관한 양측의 입장은 뉴욕에서 돌아온 지 오래 되지 않아 루하니가 테헤란에서 했던, 이란은 우라늄 농축의 '세부'를 논의하고자 하지만 핵확산방지조약이 보장하고 있는 우라늄 농축 권리 자체에 대해서는 아니라는 언급[53]에서 볼 수 있듯이 여전히 크게 벌어져 있었다. 바뀐 분위기가 이 간극을 좁히는 데 어느 정도는 도움이 될 수 있겠지만, 문제는 여전히 합리적인 시간 안에 양쪽이 제시하는 최소한의 요구를 만족하는, 양쪽이 모두 받아들일 수 있는 해법에 합의할 수 있느냐에 달려 있는 듯하다. 이란이 자신에게 내려진 전례가 없는 경제 제재 조치들의 결과로 긴박한 경제적 곤경을 겪고 있기 때문에 서둘러 핵 관련 논란을 끝내고 싶어 하는 것은 명백하다. 그러나 이란의 안보 환경을 형성해 온 오래 묵은 특정한 상수들이 있으며, 우리가 제5장에서 상

---

53 〈루하니, 이란은 우라늄 농축 계획의 '세부'까지 논의할 수 있어도 농축 권리에 대해서는 아니다〉, 《워싱턴 포스트》, 2013년 10월 2일자. http://www.washingtonpost.com/world/middle_east/rouhani-iran-will-discuss-nuclear-details-but-rights-non-negotiable/2013/10/02/d8894ade-2b82-11e3-b141-298f46539716_story.html (2013년 10월 3일 접속).

세하게 살펴봤듯이 그 상수들은 테헤란이 핵무기 선택권을 완전히, 그리고 영원히 포기해버릴 수는 없도록 만든다.

그리고 또한 루하니 선출로 시작된 친교 회복 과정이 속임수에 불과하다고 폄하하기 위해 기회만 노리고 있는 잠재적 '훼방꾼'들이 양쪽에 많이 있다. 미국에 대한 루하니의 교섭 시도에 전폭적인 지지를 던진 최고지도자 때문에 당장은 재갈이 물리긴 했지만 이란의 강경파들은 대기하고 있다가 양측 간 불협화음의 조짐이 조금이라도 보이기만 하면 다시 '대사탄과의 협상 반대' 깃발을 올릴 만반의 태세를 갖추고 있다. 이와 유사하게 미국의 우파 유권자들, 더 정확하게는 의회에 어마어마한 영향을 미치는 미국이스라엘공공문제위원회AIPAC가 이끄는 이스라엘의 로비는 아직 걸음마 단계에 있는 이란-미국 친교 회복 움직임에 이미 정면 공격을 감행했다. 그들은 루하니를 부정직한 이중거래자로 묘사하고 오바마를 약삭빠른 이란인에 쉽게 속아서 테헤란의 핵무기 프로그램을 그대로 두는 양보를 할 순진하고 나약한 대통령으로 표현했다.

미국에 대한 이스라엘의 전략적 가치를 상당히 감소시킬 미국-이란 친교 회복 가능성에 눈에 띄게 절박해진 이스라엘 총리 베냐민 네타냐후는 이란에 대한 미국의 입장이 조금이라도 누그러질라치면 개인적으로 비난을 퍼부었다. 루하니의 연설이 있은 지 일주일 뒤 유엔 총회 연설에서 네타냐후는 이란 대통령을 '양의 탈을 쓴 늑대'라고 부르며 오바마에게 속지 말라고 경고했고, 이란이 우라늄 농축 계획을 완전히 포기하겠다고 동의할 때까지 이란에 대한 압박을 늦추지 말라고 요구했다. 네타냐후는 미국을 겨냥한 이 간곡한 권고에다 이 문제에 관해서라면 이스라엘은 이란이 핵무기 능력을 갖지 못하도록 혼자서라도 이란의 핵시설들을 파괴할 것이라는 거의 노골적인 협박을 덧붙였다. 중동의 유일한 핵무기 보유국이자 어떤 비용을 지불하고서라도 이 핵 독점력을 유지하고 싶어 하는 이스라엘이 이란이 핵무기 능력을 보유하지 못하게 막는 것은 물론, 세계원자력기구의 안전규제하에서 시행되는 평화적인 목적을 위한 우라늄 농축까지 막기 위해 핵무기 능력을 노리고 있는지 그 의도도 불확실한 핵확산방지조약 회원국을 위협하는 상황은 정말로 역설적이다.

그러나 미국 의회에서 반오바마 우익 세력들과 공모관계에 있는 이스라엘의 로비가 워싱턴과 테헤란 사이에 막 싹트려는 화해 분위기를 상당히 탈선시킬 수 있기 때문에 이는 빈정

거리거나 비꼴 대상이 아니다. 가장 쉬운 길은 의회 구성원들에게 지난 몇 년 동안 의회에서 통과된 법안에 의거한 이란에 대한 심각한 제재 조치들을 해제하지 말라고 압력을 주는 것이다. 유엔 안전보장이사회와 EU, 미국 의회, 미국 대통령의 대통령 명령은 이란에 가장 심한 제재 조치들을 과다하게 부과했다. 만약 반이란 로비가 의회가 제정한 이들 제재 조치들을 무효화하는 걸 막을 수 있다면 오바마에게는 이란이 제시하는 '다이아몬드'의 대가로 줄 것이 '땅콩'밖에 없을 것이며, 이는 분명 테헤란에 잘못된 신호를 줄 것이다.[54]

이란 협상가들은 또한 국내적인 제약 요인들 속에서 작업에 임하고 있다. 그 제약들 중에는 이란은 평화적인 목적을 위해 국내에서 우라늄을 농축할 수 있는 자신의 권리를, 핵확산방지조약이 보장하는 그 권리를 절대 포기하지 않을 것이라는 루하니를 포함하는 모든 이란 정부기관들이 부여한 굳은 결의도 있다. 조약에 의거한 우라늄 농축이 세계원자력기구의 안전규제를 준수하며 수행되어도 P5+1의 일부는 그 작업의 결과로 이란이 핵물질과 핵무기와 관련된 핵심 지식을

54 폴 루이스, 〈높아진 미-이란 회담 가능성, 의회 매파들은 어떤 협상도 반대〉, 《가디언》, 2013년 10월 3일. http://www.theguardian.com/world/2013/oct/03/us-iran-talks-threatened-congress-sanctions (2013년 10월 3일 접속).

얻을 것이기 때문에 이 조치를 만족할 만한 조정으로 여기지 않을 것이다. 게다가 테헤란이 핵무기 가능성을 열어놓고 있어야만 한다고 요구하는 이란 민족주의의 저류 또한 서구 강대국들과의 합의에 역행하는 작용을 할 것이다. 이란 국민들이 직면하고 있는 비참한 경제 상황을 감안하면 지금의 이란 정부가 경제 제재 조치를 해제하는 조건으로 이 옵션을 포기하고 싶어 한다 하더라도 이 나라를 그 방향으로 끌고 가지는 못할 것 같다.

요약하자면, 이란 핵 문제를 해결하는 길에는 루하니와 오바마가 시작한 친교 회복 과정을 단번에 무산시킬 수 있는 걸림돌들이 너무 많다. 2013년 9월 30일에 네타냐후와 회담을 갖고 난 뒤에 발표된 오바마의 성명은 자신이 "이란이 핵무기를 보유하지 못하도록 막기 위해 군사행동을 포함한 어떤 선택지도 배제하지 않을 것"임을 천명했고, 이란과 미국 간 관계에 임박한 해빙 분위기라는 맥락 속에서 이 성명을 인정할 수 없는 위협으로 받아들인 이란 지도부는 한 차례 소용돌이를 겪었다.[55] 게다가 제5장에서 살펴봤듯이 테헤란과 워싱턴

55 마크 랜들러, 〈이란과의 대화에 오바마와 네타냐후 협조체제 과시〉, 《뉴욕 타임즈》, 2013년 9월 30일. http://www.nytimes.com/2013/10/01/us/politics/tensions-over-iran-seemto-ebb-between-netanyahu-and-obama.html?_r=0 (2013년 10월 3일 접속).

의 관계를 지난 몇 십 년 동안 특징지었던 불신과 반작용을 누그러뜨리기 위해 두 국가 간의 전반적인 관계를 근본적으로 개선하지 않고서 이 문제의 만족스런 해결을 기대하는 건 순진한 태도다. 이란에게 핵무기 카드를 보유해야겠다는 동기를 준 것은 바로 이 불신과 반작용이었지 다른 어떤 것도 아니었다.

아랍의 겨울

아랍의 봄이 일어났던 국가들에서는 계속 실망스러운 사건들이 줄을 잇는다. 앞 장에서 얘기했듯이 이집트는 다시 한 번 군홧발과 무바라크 독재의 성채를 구성했던 보안기관들에 짓밟혔다. 여러 번의 위기를 무사히 넘기는 듯했던 튀니지조차 세속주의 반대파의 냉혹함과 반대파 지도자들을 암살 표적으로 삼았던 살라피 단체들의 극단주의에 굴복했다. 온건한 이슬람주의 엔나흐다 정부는 압력에 떠밀려 사퇴하면서 중립적이고 '비정치적인' 정부에 권력을 넘겨주는 데 합의했다. 그런 정부가 수립되면 제헌 의회 참가를 거부했던 반대파들이 복귀하고 이어서 새로운 의회를 구성하는 선거를 치를 수 있도록 헌법이 작성될 것으로 기대된다. 이런 결과가 이웃 이집트에서 펼쳐졌던 시나리오보다 낫다고는 하지만, 제반 상황들은 민주적 게임의 규칙이, 무엇보다 선거 결과에 대한 존중이 이 나라 정치 주체들에게 완전히 내재화되지 않았다는 사실을 알려준다.

리비아와 예멘은 계속해서 불안정과 불안에 휩싸여 있고, 시리아는 다른 가능성들을 잘라내며 종파적 갈등과 무차별한 살육으로 점철된 이라크의 길로 향하고 있다. 바레인의 민주화 운동은 계속 억압받고 있으며, 활동가들은 엉터리 재판에 회부되어 긴 감옥살이를 선고받는다. 이 모든 것들이 사우디아라비아의 적극적인 공모와 미국의 수동적인 연루와 함께 진행된다. 반혁명 전선의 지도자인 사우디아라비아는 특히 당장 눈에 띄는 반민주주의 물결을 타고 순항하는 것처럼 보인다. 사우디 왕조는 무르시 정권을 축출한 이집트 군부에게 공개적인 찬사를 보냈고 재정적으로도 후원했다. 모로코와 요르단의 왕조 정권들 역시 이웃국가들에서 일어난 민주주의 운동의 실패에 용기를 얻어 일찍이 아랍 세계에 일었던 봉기와 사위들이 더 큰 영향을 미칠까 두려워 어쩔 수 없이 허용했던 정치적 개방 조치들을 철폐하는 작업에 돌입했다.

자기 내부도 갈라져 있는데다 대대로 내려온 가문의 재산을 하나씩 유대인 정착민들의 식민지로 내주고 있는 팔레스타인들은 혼란의 상태에 있는 동시에 열기와 강도 면에서 앞서 있었던 두 번의 인티파다를 압도하며 이웃 국가들을 더욱 불안정하게 만들 거대한 봉기의 경계에 서 있는 듯하다. 제3장에서 논의했듯이 이스라엘-팔레스타인 분쟁에 대한 두 국가 해법의 가능성은 죽었는데 한 국가 해법은 대규모 폭력과 유혈사태 없이는 태어날 것 같지 않다.[56]

결론을 말하자면, 우리는 상당히 오랜 기간 동안 아랍 세계에서 그다지 좋은 소식을 듣지 못할 듯싶다.

---

56 이에 대한 날카로운 분석은 다음을 참조하라. 이안 S. 러스틱, 〈두 국가의 환상〉, 《뉴욕 타임즈》, 2013년 9월 14일자. http://www.nytimes.com/2013/09/15/opinion/sunday/two-state-illusion.html?pagewanted=all (2013년 10월 3일 접속).

부록

중동의 분쟁 구조를 해명하다

I. 미국의 침공이 준 충격

중동은 제2차 세계대전이 끝난 이후로 거의 내내 혼란에 빠져 있었다. 그러나 2003년 미국의 이라크 침공은 질적으로 차원이 다른 혼돈과 무정부상태를 가져왔고, 그 혼돈과 무정부상태는 지금 아랍 세계 곳곳에 창궐하는 풍토병이 되어버렸다. 미국의 침공이 이처럼 분쟁과 불안을 증폭시킨 데에는 몇 가지 이유가 있다. 가장 중요한 이유는 이라크의 바트당 정권이 제거되자 국가 구조가 제 기능을 하지 못하고 거의 완전히 붕괴하는 지경에 이르렀기 때문이다. 이라크는 중동의 중앙에 위치해 비옥한 초승달/레반트 지역과 페르시아 만 지역을 잇는 가교 역할을 하며, 이런 전략적 위치 때문에 이라크의 변화는 두 지역에 정치적 영향을 미친다.

이라크 국가의 해체는 중동에서 대체로 휴면 상태에 있던 몇 가지 균열들이 확연하게 도드라지는 현상으로 이어졌다. 그런 균열들 중에 수니파와 시아파 간 갈등과 아랍인과 페르시아인 간 대결과 같은 종파주의적 갈등이 있다. 두 요인이 모두 지역 패권을 놓고 대결하는 사우디아라비아와 이란, 두 강대국의 지역적 권력 게임과 얽히면서 중동의 불안을 심각하게 악화시키고 있다. 그러나 이 문제는 나중에 다루도록 하자.

미국의 침공은 이라크 국가를 궤멸시켜 중동을 지금의 혼돈과 소란 속으로 밀어 넣은 장본인으로 지목받는 (지금의 정치 환경에서는 모두 같은 의미로 사용될 수 있는 용어들이지만)급진주의와 극단주의, 지하드주의가 준동하도록 만들었다. 미국이 이라크의 국가 권력을 파괴하고 거대한 정치 공백을 만들자 아프가니스탄에서 도망쳐 온 일부까지 가세한 극단주의 세력들이 그 공간을 차지했다.

지금 중동 정치가 보여주는 무정부적 성격이 이슬람 극단주의/급진주의를 천명한 주요 단체인 알카에다 및 그 분파들과 최근에 결성된 소위 '이라크-시리아 이슬람 국가ISIS'가 저지른 소름끼치는 범죄행위들 탓이라는 얘기를 종종 듣는다. 2014년에 ISIS는 시리아와 이라크 사이의 경계를 제거하고 제도적 구조를 갖추고 법률적인 기준을 세워 기능국가에 상응하는 어떤 것을 창출하는 데 성공했다.[1] 이런 행보는 이슬람 급진주의가 테러를 도구로 사용하여 승리를 거두면서 제1차

---

1 마치, 레브킨, 《법률상의 칼리프국》, 2015년.

세계대전 이후로 아랍 국가들의 영토적 경계를 정의해왔던 국경을 걷어내고 있다는 인상을 더욱 강화시켰다.[2]

II. 부수적 현상으로서의 테러리즘, 극단주의, 종파주의

앞서의 이야기가 상황을 잘 모르고 피상적으로만 보면 참인 것 같지만, 극단주의와 종파주의는 이라크와 시리아에 만연하다 못해 레바논과 요르단 같은 이웃국가까지 위협하고 있는 분쟁과 무정부상태의 기저에 놓인 요인들이 만들어낸 부수적인 현상이지 이들을 설명할 수 있는 독립적인 요인이 아니다. 아랍인 – 페르시아인 분리와 수니파 – 시아파 분리는 물론, 중동에 만연한 것처럼 보이는 극단주의와 급진주의도 중요해 보이기는 하지만 지금 아랍 세계에 팽배한 무정부상태의 핵심 원인은 아니다.

그러므로 우리가 오늘날 중동의 분쟁 구조를 이해하려면 더 철저한 규명을 통해 지금 아랍 세계가 처해 있는 유감스러운 상태에 대해 책임을 져야 할 원인들을 찾아낼 필요가 있

2 어랜고, 《기능국가로 변신한 ISIS》, 2015년.

다. 앞서 얘기한 요인들은 수십 년간 잠들어 있다가 2003년 미국의 침공을 받아 이라크의 국가 구조가 해체된 데 대한 복수와 함께 깨어난 것들이기 때문이다.

III. 근원적 요인들

　　　　지금 중동에서 벌어지는 분쟁과 무정부상태를 만든 원인으로 무엇을 꼽아야 할지 알아내려면 한 세기 전으로 돌아가야 한다. 짧게 말하자면, 이 요인은 현대 시리아와 이라크, 레바논, 요르단, 팔레스타인/이스라엘 국가를 만들어낸, 제멋대로 그은 국경이라고 설명될 수 있다. 사이크스-피코 경계라고 알려진 이 국경은 영국과 프랑스가 오스만 제국에 속해 있던 아랍 지역을 나눠 가질 때 대체로 제국들의 편의를 위해 임의로 그어졌다. 영국은 석유 때문에 이라크를, 팔레스타인 아랍인들이 살고 있는 땅에 유대인들의 조국을 만들어 주겠다고 약속했던 밸푸어 선언을 실현하기 위해 팔레스타인을, 히자즈 땅을 사우디아라비아에 내준 하쉬마이트에 대한 보상으로 하쉬마이트 왕자였던 압둘라 이븐 후세인에게 제공할 메마른 트란스요르단 땅을 원했다.

프랑스는 시리아를 가졌고, 거기서 레바논을 떼어내어 자신들이 후원하던 마론파에게 선물로 주었다. 다종교 성격을 가진 레바논에서 마론파는 뚜렷이 구분되는 소수이며, 마론파가 권력을 독점하는 상황은 분명히 내전과 국가 실패로 이어질 것이라는 사실은 거의 깨닫지 못한 채였다. 프랑스는 시리아에서도 다루기 힘든 다수 수니파보다 소수인 알라위파를 선호하여 전통적인 수니파 아랍인 엘리트들 사이에서 엄청난 분노를 샀고, 지금의 내전에서 확실하게 드러나는 알라위파-수니파 간 갈등의 기초를 다졌다. 영국의 이라크 위임통치령은 수니파와 시아파 아랍인들과 함께 모술 주(이라크 측 쿠르디스탄 지역인 이 일대는 석유 매장량이 많지 않고 오스만 제국 이후 터키 공화국의 일부로 편입되어 있었다)에 거주하던 상당수 쿠르드족 인구를 하나의 국가로 묶어 수니파가 대부분인 아랍인 엘리트들의 지배를 받게 했는데, 이런 조치는 쿠르드인들과 시아파 아랍인들 모두의 분노를 샀다. 위임통치령 안에 유대인들의 조국을 건설한다는 영국의 계획에 따라 유럽의 유대인들을 팔레스타인으로 이주시킨 조치는 팔레스타인 지역의 인구 구성을 변화시키는 동시에 거의 한 세

기 동안이나 우리와 공존하게 되는 시온주의 – 팔레스타인 분쟁의 토대를 쌓았다.[3]

IV. 식민지적 경계가 취약한 국가들을 낳다

밸푸어 선언에 따른 조정을 반영한 사이크스 – 피코 협정을 적용하는 과정은 오직 자발적인 국가 형성 과정에서만 창출될 수 있는 정치적, 사회적 결속이 결여된 취약한 국가들을 만들어냈다. 이들 국가의 국경이 적법한가라는 문제는 이집트와 시리아, 이라크가 다양한 통일 계획을 시도했지만 실패했던 초기부터, 더 정확하게는 이집트 나세르 대통령의 주도 아래 아랍 민족주의 운동이 전성기를 맞았던 1950년대와 1960년대 이래로 끊임없이 논란이 되었다.[4]

그러나 1970년대부터 시작하여 1990년대를 통과하며 두 가지 이유 때문에 이런 논란이 가라앉았다. 첫째, 1967년에 나

---

3 밸푸어 경에 따르면, "강대국들은 시오니즘에 적극 공감한다. 그리고 시오니즘은 옳든 그르든, 좋든 나쁘든 오랜 전통 전통과 현재의 필요와 미래의 희망에 뿌리내리고 있으며, 그 오래된 땅에 지금 살고 있는 70만 아랍인들의 욕구와 편견보다 훨씬 중요한 의미를 지닌다." 칼라디, 《제차 세계대전 이후의 한 세기》(2014년)에서 인용.

4 케르, 《아랍 냉전》, 1971년.

세르가 이끄는 이집트가 이스라엘에 패배하면서 범아랍주의 운동을 추동하던 기운이 많이 쇠락하였다. 둘째, 같은 시기에 비옥한 초승달 지역에서 가장 중요한 두 국가에서 독재자들이 권력을 잡아, 시리아에서는 하페즈 알−아사드가, 이라크에서는 사담 후세인이 권좌에 올랐다. 같은 현상이 마그리브(아랍 세계의 서쪽−옮긴이) 지역에 위치한 리비아와 아라비아 반도에 위치한 예멘에서도 되풀이됐다. 이들 무자비한 독재자들이 채택한 고압적인 통치 방식은 정권에 대항하는 반대자들을 박살냈을 뿐만 아니라, 오래 지속된 그들의 지배는 1970년대까지는 생각할 수도 없었던 영구지배의 가능성을 내포하면서 독재자들이 다스리는 국가가 운신할 수 있는 공간을 제공하였다.

V. 아랍의 봄이 해방시킨 세력들

2003년 미국의 이라크 침공 후, 꼼꼼하게 계획된 바트당 제거 정책에 따라 군과 민간을 가리지 않고 국가 기구들을 궤멸시키면서 상황은 급격하게 변했다. 아랍 중동이 혼란에 빠져 미국 침공의 여파에 대처하느라 헛되이 애쓰는 사이, 아랍의 봄이라 통칭되는 2011년 봉기들이 풀어놓은 세력들이 이미 나빠진 상황을 더 악화시켰다. 아랍의 봄이 일어났던 나라들 중 몇몇, 그중에서도 리비아와 예멘, 특히 시리아는 국가를 통치해오던 독재자들이 몰락하거나 심각한 도전을 받게 되자 국가 붕괴의 경계에서 비틀거리기 시작했다. 쿠르드인들뿐만 아니라 수니파 아랍인들도 소외시킨 알 말리키 정권의 근시안적이고 노골적으로 종파적인 정책들까지 더해진 이라크 상황은 거의 돌이킬 수 없는 지점까지 떠밀려갔다. 시리아와 마찬가지로 이라크 국가 역시 해체되기 시작했다.

미국 점령 초기에 이라크 국가가 북부와 서부를 필두로 나라 안 대부분의 영토에 대한 통제력을 상실했을 때 알카에다가 발호하여 정치적 공백상태에 빠진 그 지역들을 차지했던 것처럼, 이라크와 시리아의 국가 실패로 생긴 이 공백을 차지한 것은 ISIS로 상징되는 극단주의 지하드 분자들이었다. 이런 사건들은 국가 붕괴가 낳은 공백을 탈레반과 알카에다가 등장하여 메웠던 1990년대 아프가니스탄 사태의 재판이라 할 만했다.

VI. 국가실패라는 핵심 변수

이런 상황이 분명하게 보여주는 것은 중동에 무정부 상태와 국가실패를 초래하는 것이 극단주의나 급진주의의 발흥이 아니라는 점이다. 그런 단체들이 흥할 수 있는 기회를 제공하는 것이 국가실패와 그를 둘러싼 무정부상태다. 그러므로 급진주의와 극단주의는 많은 사람들이 생각하는 것처럼 독립 변수가 아니라 그저 국가실패에 동반되기 마련인 무정부상태와 혼란의 산물일 뿐이다. 이런 상황은 또 식민 지배를 위해 급조된 경계를 가진 인위적으로 창출된 국가들이 터키와 이란과 같이 대체로 자율적인 국가 형성과 통합의 역사 과정을 통해 형성된 국가들보다 국가실패 위기에 취약하다는 점을 분명하게 보여준다.

극단주의와 마찬가지로 종파주의도 국가 쇠약과 국가 붕괴의 원인이라기보다는 부산물에 가깝다. 여기서 내가 사용하는 종파주의라는 용어는 수니파–시아파류의 종교적 종파주의와 아랍인에 대항하는 쿠르드인, 쿠르드인에 대항하는 투르크멘인과 같은 대립을 부추기는 인종적 종파주의를 모두 포함한다. 종파주의의 부상은 국민들에게 치안을 제공해야 할 국가의 실패와 직접적으로 관련돼 있다. 무엇보다 국가는 보호를 명목으로 금품을 취하는 탁월한 기구이기 때문이다. 국가가 다른 용역들도 제공하지만 시민이 세금과 충성심으로 국가에 보답하는 주된 이유는 국가가 시민들의 안전을 보장하고 사회적 관계들에 예측가능성을 확보해주기 때문이다. 국가가 개인이나 단체, 공동체에 안전을 제공할 수 없거나 제공하지 않을 때, 시민은 안전을 제공해줄 수 있는 다른 공급자, 특히 시민 정체성의 일부(비록 국가가 시민에게 부여한 정체성에 비해 2차적이긴 하지만)로 남아 있던 근본적인 성격을 담보하는 공급자들을 찾는다. 국가가 기본적인 역할을 수행하지 못할 때 이들은 가장 쉽고도 가장 편리한 대체 시스템이 된다.[5]

이라크와 시리아, 그 이전에는 레바논에서 국가가 붕괴하면서 대안적 치안 제공자로서 종파적, 인종적, 지역적 무장단체들이 등장했다는 사실은 국가가 자신의 기본적인 기능을 수행하지 못했다는 원인으로 잘 설명될 수 있다. 여러 인구집단들 간 정체성 갈등이나 편향적인 자원 배분과 같은 요인들에 토대를 둔 설명 등 다른 분석들도 중요하긴 하지만 국가

---

5 틸리, 《조직범죄로서의 전쟁 조성과 국가 조성》, 1985년.

실패라는 변수에 비하면 부차적이다. 수니파와 시아파는 이라크와 레바논, 그리고 국가가 제대로 기능하는 실체로서 존재하지 않는 곳이라면 어디서나 종파적 정체성 안에서 피난처를 구했다. 이 이야기는 시리아에서도 마찬가지로 되풀이되었다.

VII. 대리전의 무대가 된 취약한 국가들

취약한 국가란 쉽게 침투해 들어갈 수 있는 존재들이라 외부 강대국들 간 대리전의 무대가 되기 십상이다. 대리전은 지역적 또는 세계적 강대국들인 일차 적대자들 간 충돌을 완화하는 완충제로 작용하여 분쟁이 분쟁의 일차 당사자들이 직접 맞붙는 전면 대결로 확산되는 것을 막아주는 전략적 이점이 있다. 전통적으로 레바논은 중동에서 이런 현상을 보여주는 고전적인 사례인데, 쉽게 침투되는 성질이 중동 지역과 세계적 강대국들이 각자의 대리인 역할을 하는 국내 단체들을 매개체로 이용하여 대리전을 치를 수 있는 기회를 제공한다. 마론파 무장단체들은 이스라엘과 미국의 대리인 역할을 하고 수니파 단체들은 이집트와 시리아 정권 같은 아랍 민족주의 정권들의 대리인 역할을 한다. 이와 유사하게 1980년대 이후로 헤즈볼라는 자주 이란의 대리인 역할을 했다. 이들 대리전은 레바논의 사회적 결속을 해체하는 데 일조했고, 깨진 조각들은 지금까지도 완전히 하나로 봉합되지 못했다.[6]

앞서 말했듯이, 국가적 사안에 외부의 개입을 불러들이고, 지역적 강대국이든 세계적 강대국이든 강대국들이 자신이 연루된 분쟁들을 수출할 수 있도록 편의를 봐준 것은 취약 국가와 실패 국가의 침투하기 쉬운 성질이다. 이미 실패했거나 아니면 지금 실패하고 있는 국가인 이라크와 시리아가 주요한 지역적 강대국인 사우디아라비아와 이란 간 대결과 영향력 경쟁을 중심으로 한 중동의 주요 대리전 무대가 된 것도 그 때문이다. 이들 대리전에서는 사우디아라비아와 걸프 동맹국들의 지원을 받는 정권과 무장단체들이 이란의 지원을 받는 정권과 무장단체들에 대항하여 싸운다.

---

6 후라니, 《레바논—혼합형 주권과 미국의 외교정책》, 2013년.

VIII. 사우디-이란 냉전

　　　　페르시아 만의 패권을 놓고 펼쳐지는 사우디-이란 냉전은 경쟁 관계의 중심 무대가 페르시아 만이긴 하지만 이곳에서는 직접 대결이 일어날 위험이 있기 때문에 대체로 비옥한 초승달 지역을 무대로 수행되고 있다.[7] 이 대리 분쟁이 이라크와 시리아 양쪽에서 부상하는 종파주의의 주요한 요인이다. 사우디아라비아가 뼛속에서부터 반시아파인 근본주의 수니파 국가인 데 반해 이란은 중동을 주도하는 시아파 국가라는 사실이 이런 현상과 관련돼 있다. 각자 자신의 목적을 달성하기 위해 수니파-시아파 분쟁에 불을 댕긴 건 맞지만 이란보다는 사우디아라비아의 책임이 훨씬 크다. 시아파가 이라크에서는 다수를 차지하고 레바논에서는 최대 종파를 형성하지만, 아랍 중동에서 시아파는 소수이며 이란은 비아랍 국가라는 사실이 이란에 제약을 가하기 때문이다. 때문에 테헤란은 수니파가 우세한 아랍 세계에서 자신의 영향력을 유지하려면 시아파 카드를 어떻게 써야 하는지에 대해 훨씬 신중해질 수밖에 없다. 리야드는 이런 제약으로 고통받을 일이

7　아유브, 《새로운 중동 냉전》, 2013년.

없다.

　그러나 종파주의 자체는 중동의 혼란을 설명할 수 있는 독립 변수가 아니라는 점을 깨달아야 한다. 종파주의는 국가 쇠약과 석유가 풍부하게 매장돼 있는 페르시아 만의 패권과 중동 다른 지역에 대한 영향력을 놓고 벌어지는 사우디아라비아와 이란 간 전략적 대결관계의 산물이다. 국가 쇠약이 주요한 치안 제공자로서 종파주의 단체들이 부상할 기회를 만들어줬다고 한다면, 사우디아라비아와 이란 간 경쟁은 자신들의 정책이 이라크와 시리아와 같이 취약한 국가들의 사회적 결속에 어떤 충격을 줄 것인지 고려도 없이 무기까지 포함한 물질적 원조를 제공함으로써 종파주의 단체들 사이의 분쟁을 격화시키는 배경이 되었다.

Ⅸ. 이슬람 급진주의의 뿌리

　　게다가 아랍 중동에서 수니파 이슬람 급진주의가 등장한 것도 많은 분석가들이 상상하는 것만큼 자주적인 요인이 아니다. 알카에다와 알누스라 전선에서부터 ISIS에 이르는 다양한 지하드 단체들에게 영감을 준 것은 사우디아라비아에서 육성된 다음 주된 지역 경쟁자인 시아파 이란의 영향력이 점점 커져가는 데에 대항해 사우디 정권이 자신의 영향력을 굳히고 확대하기 위해 중동 전역에 수출한 와하비주의의 종교-정치적 이념이었다.

이념적으로 봤을 때 이들 단체들은 모두 사우디 왕국의 주류 종교-정치 이념인 와하비식 살라피주의의 분파들이다. 정치적 유순함과 지배자에 대한 복종을 가르치는 사우디의 와하비주의는 1950년대와 1960년대 이집트 무슬림형제단의 최고 이론가였던 사이드 쿠틉에까지 이어지는 정치적 이슬람 급진주의 사상의 충격을 받고 시간이 지나면서 변형되었다.[8] 이렇게 변형된 형태의 와하비주의는 사회적, 문화적으로 극도로 보수적인 사우디 와하비주의의 기질과 사이드 쿠틉과 그보다 더 극단주의적인 추종자들의 급진적 가르침을 결합시켰다. 이것이 ISIS와 알카에다와 같은 극단주의 단체들에게 이념적 토대를 제공해 준 혼합형 와하비주의이고, 이들 무장단체들은 이 이념적 혼합물에 과격한 폭력을 더했다.[9] 역으

---

8 쿠틉 이론에 대한 포괄적인 연구는 다음을 참조하라. 존 캘버트, 《사이드 쿠틉과 급진적 이슬람의 기원》, 2010년.

9 암스트롱, 《ISIS와 와하비주의》, 2014년.

로 이런 폭력은 그들이 활동하고 있는 환경적 맥락의 산물이기도 한데, 특히 삶을 "불쾌하고 야비하고 단명하게"[10] 만드는 국가 부재의 산물이다. 그 결과 혼합형 와하비주의 무장단체들은 지금 중동 지역에서 사우디아라비아의 이해관계를 위협할 뿐만 아니라 사우디아라비아 정권 자체를 제거하고자 겨냥하고 있다. 이런 상황을 보면 사우디 정권이 왜 자신과 이념적 쌍둥이인 그들을 저주받은 자들이라 여기는지 이해된다. 사우디아라비아가 제 발등을 찍은 것이 분명하다.

사우디아라비아와 그 동맹국들이 이들 지하드 단체들과 맺고 있는 연계는 단순히 이념적인 단계를 넘어 재정적이기도 하다. 이들 국가들은 과거에도 그랬고 지금도 그렇듯이 대리전의 한 축에 서서 이란과 이란과 동맹을 맺은 시리아 및 이라크 정권과 싸우고 있는 극단주의 단체들에게 필요한 자금을 제공하는 주요 자금원이다. 이들 단체에 대한 사우디 정권의 직접적인 자금 지원은 축소되거나 중단됐을지라도 이 나라와 걸프 수장국들의 부유한 개인들은 계속해서 시리아의 지하드 단체들을 필두로 한 여러 지하드 단체들에 자금을 제공하고 있다. 브루킹스 보고서에 따르면 대부분의 자금은 이

10   지하드 현상에 대한 간결하고도 잘 정리된 분석을 보려면 다음을 참조하라. 게르게스, 《ISIS와 제3의 지하드 물결》, 2014년.

지역 지하드 단체들과 극단주의 수니파 단체들에게 자금을 전달하는 통로 역할을 해온 쿠웨이트를 통한다.[11]

X. 온건 이슬람주의의 실패

급진 이슬람주의의 성장에 기여한 또 하나의 요인이지만 제대로 주목을 받지 못했던 지점이 바로 아랍 봉기들 이후에 온건 이슬람주의가 권력을 유지하는 데 실패함으로써 급진 이슬람주의가 급물살을 타게 된 점이다. 이 결과는 2006년에 외부 세력들, 그중에서도 특히 미국과 이스라엘이 그해 선거에서 승리한 하마스가 팔레스타인 점령지에서 권력을 승계하는 것을 인정할 수 없다고 거부한 데에서 전조를 보였다. 그러나 이 사건의 함의는 팔레스타인이 점령된 지역이며 점령이라는 현실이 자체적인 동역학을 만들어낸다는 사실 때문에 흐려졌다. 관찰자들은 다른 중동 국가에서는 그런 일이 일어날 수 없다고 생각했다.

아랍의 봄 이후에 일어난 사건들이 이런 개념을 깨버렸다.

---

11 디킨슨, 《불장난》, 2013년.

튀니지에서 엔나흐다가 자유롭고 공정한 선거에서 최다 표를 획득하고도 엄청난 어려움에 직면하다가 결국은 투표를 통해 권좌에서 퇴출되었지만, 온건 이슬람주의자들이 강제로 정권을 내줘야 했던 가장 극적인 사례는 이집트 사례였다. 군사쿠데타로 인한 무함마드 무르시 대통령 축출과 천 명이 넘는 무슬림형제단 지지자들 살해, 알−시시 정권에 의한 무슬림형제단 불법단체화와 무슬림형제단 지도부 투옥(무르시를 포함하여 그들 중 많은 수가 지금 사형 집행을 기다리고 있다)은 쫓겨난 구체제의 잔존 세력들과 그들을 지지하는 외부 세력들(이 경우에는 군사 정권을 돕기 위해 즉시 수십 억 달러를 제공했던 사우디아라비아와 미국)이 입헌주의와 민주주의를 약속한 정당이라도 온건 이슬람주의 정당이 정권을 잡는 것을 묵인하지 않겠다는 의도를 분명하게 전달한 사건이었다.[12]

온건주의자들은 일거에 이념적 타협을 하고 정치적 유연성을 과시한다는 이유로 무슬림형제단을 비난해왔던 극단주의 이슬람주의자들과의 논쟁에서 패배한 꼴이 되었다. 극단주의자들은 중동에서 이슬람주의자들이 권력을 잡을 수 있는 유일한 길은 총을 통해서라고 주장해왔다. 이집트에서 일어난

‌
12 이집트 상황에 대해 더 많은 내용을 알고 싶다면 다음을 참조하라. 모니어, 란코, 《무슬림형제단의 몰락−이집트에 미치는 함의》, 2013년.

사건들은 극단주의를 살찌우는 양식이 되어 극단주의의 명분에 동의하는 새로운 동조자들을 만들어냈고 그들 중에는 전직 온건파, 입헌파 이슬람주의자들이 포함돼 있었다. ISIS와 알카에다 연계 조직 같은 단체들은 이집트에서 무르시 정부가 강제로 축출된 사건으로 엄청난 이득을 보았다. 이슬람주의 집단 전체를 봤을 때 입헌주의적 길을 통해 권력을 쟁취하는 전략의 신뢰성이 크게 떨어졌기 때문이다.[13] 지하드 주장들의 인기가 치솟은 만큼 이라크와 시리아에서 무정부상태와 분쟁이 격화된 것은 말할 필요도 없다.

XI. 결론

끝으로, 시리아와 이라크, 예멘, 그리고 중동 여러 곳에서 무정부상태와 극단주의, 폭력이 창궐한다는 신문기사들의 이면을 보면 우리는 그런 현상들이 이 지역에 존재하는 보다 근본적인 문제들을 반영하는 단순한 부수현상일 뿐이지 그 자체로 아랍 세계의 정치 지형을 결정하는 독립 변수들이

---

13 아유브, 《중동은 붕괴할 것인가?》, 2014년. 하미드, 《시시 정권은 IS에 보내는 선물》, 2015년.

아님을 깨닫게 된다. 조심스럽게 연구되어야 할 필요가 있는 기저의 요인은 국가의 취약성과 그 결과 그 어느 때보다 위협적으로 등장한 국가실패의 가능성이다. 권위적 성격의 정권들이 아랍 국가들을 허약하게 만드는 데 일조했고, 주로 리야드와 테헤란의 대결을 대리하는 대리전이 취약하고 실패하고 있는 국가들에서 수행되며 지역 강대국들과 그들을 지지하는 외세가 서로 맞서 싸우도록 종용해 중동 전체를 뒤흔들고 있다. 또한 아랍의 봄 이후에 온건하고 입헌주의적인 이슬람주의가 많은 이슬람주의자들 사이에서 신용을 잃었고, 이런 상황이 지역 안팎에서 대중에게 깊은 인상을 남기는 극적인 테러를 저지르는 급진적이고 폭력적인 지하드 단체들의 기하급수적인 성장으로 이어졌다는 사실이다. 중동의 갈등 구조를 이해하고 이 지역의 무정부상태와 혼란이 어떻게 완화할 수 있는지 이해하기 위해서는 이 모든 요인들을 연결하여 연구해야만 할 것이다.

이런 분석은 수니파와 시아파 간 종파적 분리라는 개념이 지금 중동에서 일어나는 분쟁들을 설명하는 측면에서 표면적으로 보기에 아무리 그럴듯해 보인다 하더라도 분쟁의 진짜 원인들을 조명하지는 못한다는 사실을 분명하게 알려줄 것이다. 분쟁의 원인들은 주로 아랍 세계의 국가들이 국민들에게 안전을 보장하는 데에 취약하거나 실패한 것과 관련돼 있으며, 두 번째로는 사우디아라비아와 이란이 중동이라는 지역의 패권을 놓고 벌이는 대결에 관련돼 있다. 사우디 – 이란 냉전은 이라크와 시리아, 예멘과 같이 취약한 국가들을 만들어내고 그 취약성을 틈타 침투해 들어온 여러 정치세력들 간의 분쟁들을 격화시킨다. 또 수천 년간 평화롭게 공존했을 뿐만 아니라 통혼과 같이 밀접한 관계를 맺어온 이슬람의 두 주요 종파인 수니파와 시아파 사이를 '오래된 증오'라는 미신에 근거하여 종파적으로 분리할 수 있는 명분을 제공한다. 그러나 종파적 분리를 원인으로 보는 시각은 특히 서구 언론인과 정치분석가와 같이 지적으로 게으른 외부 관찰자들에게는 중동의 갈등 구조에 대해 만족스러운 설명이라 여겨질 만한 것을 제공한다. 종파적 분리가 중동에서 벌어지는 분쟁들의 주된 원인이라고 사고하는 틀을 빨리 벗어던질수록 우리는 이 지역에서 정말로 분쟁을 이끌어내는 것은 무엇이며 거기서 누가 이득을 보고 있는지를 더 잘 이해할 수 있을 것이다.

참고 자료

- 팀 어랜고, 〈ISIS, 테러를 도구로 기능국가로 변신하다〉, 《뉴욕 타임즈》, 2015년 7월 21일자. http://www.nytimes.com/2015/07/22/world/middleeast/isis-transforming-intofunctioning-state-that-uses-terror-as-tool.html?emc=eta1&_r=0

- 캐런 암스트롱, 〈ISIS와 와하비주의―사우디아라비아는 어떻게 세계적 테러리즘의 주요 근거를 수출했나〉, 《새로운 정치가》, 2014년 11월 27일. http://www.newstatesman.com/worldaffairs/2014/11/wahhabism-isis-how-saudi-arabia-exported-main-source-global-terrorism

- 무함마드 아유브, 〈중동의 새로운 냉전〉, 《국익》, 2013년 1월 16일. http://www.nationalinterest.org/commentary/the-new-cold-war-the-middle-east-7974

- 무함마드 아유브, 《중동은 붕괴할 것인가?》, 폴리티 프레스, 2014년

- 존 캘버트, 《사이드 쿠틉과 급진 이슬람주의의 기원》, 콜롬비아대 출판부, 2010년

- 엘리자베스 디킨슨, 〈불장난―시리아 극단주의 단체에 대한 걸프 지역의 사적 자금지원은 어떻게 본국의 종파 갈등을 야기하는가〉, 《브루킹스연구소 분석보고서》, 2013년 12월 6일. http://www.brookings.edu/research/papers/2013/12/06-private-gulf-financing-syriaextremist-rebels-sectarian-conflict-dickinson

- 파와즈 게르게스, 〈ISIS와 제3의 지하드 물결〉, 《지금의 역사》 113호, 통

권 767호, 2014년, 339쪽~343쪽.

- 샤디 하미드, 〈시시 정권은 IS에 주는 선물〉, 《외교》, 2015년 8월 6일. http://foreignpolicy.com/2015/08/06/sisi-is-the-best-gift-the-islamic-state-ever-got/?

- 나지브 B. 후라니, 〈레바논―혼합형 주권과 미국의 외교정책〉, 《중동 정책》, 2013년 봄호. http://www.mepc.org/journal/middle-east-policy-archives/lebanonhybrid-sovereignties-and-us-foreign-policy

- 말콤 케르, 《아랍 냉전―가말 압델 나세르와 경쟁자들, 19958~1970》, 옥스퍼드대 출판부, 1971년.

- 왈리드 칼리디, 〈제1차 세계대전으로부터 100년―팔레스타인과 팔레스타인 연구〉, 《열린 민주주의》, 2014년 4월 2일. http://www.opendemocracy.net/arab-awakening/walid-khalidi/one-century-afterworld-war-i-and-balfour-declaration-palestine-and-pal

- 앤드류 F. 마치, 마라 레브킨, 〈법률상의 칼리프국〉, 《외교》, 2015년 4월 15일. https://www.foreignaffairs.com/articles/syria/2015-04-15/caliphate-law

- 엘리자베트 이스칸더 모니어, 아네트 란코, 〈무슬림형제단의 몰락―이집트에 주는 함의〉, 《중동 정책》, 2013년 겨울호. http://www.mepc.org/journal/middle-eastpolicy-archives/fall-muslim-brotherhood-implications-egypt

- 샤를 틸리, 〈조직 범죄로서의 전쟁 조성과 국가 조성〉, 피터 에반스, 디트리히 뤼셰마이어, 테다 슈코크폴이 편집한 《국가 되찾기》에서 인용, 캠프리지대 출판부, 1985년, 169쪽~187쪽.

- 최근 몇 년 사이, 특히 2001년 9월 11월에 발생한 비극적인 사건 이후에 중동에 대한 책과 기사들이 엄청나게 많이 등장했다. 질적으로 고르지 못한 것들이 많고 일부는 선전을 목적으로 하는 듯하다. 그러므로 지금 중동의 상황을 상대적으로 객관적으로 조명하는 저작들을 고르려면 그런 출판물들을 까다롭게 걸러야 할 것이다.

- 제임스 L. 겔빈의 《중동근대사》(옥스퍼드대 출판부, 2011년)는 지난 500년 동안 세계적 근대성과 관련된 힘들이 어떻게 이 지역의 사회적, 경제적, 문화적, 정치적 삶을 형성했는지 개괄하는 좋은 책이다. 여기에 데이비드 프롬킨의 《현대 중동의 탄생》(홀트 페이퍼백스, 2009년/이순호 옮김, 갈라파고스, 2015년)을 추가하면 유용할 것이다. 이 책은 제1차 세계대전 종전 때 국제연맹 위임통치를 구실로 중동을 갈가리 갈라놨던 사건을 조명하며 어떻게 영국과 프랑스를 중심으로 하는 제국 열강들의 편의를 위해 실시된 이 분리에서 지금의 지역 분쟁들이 뻗어 나왔는지 설명한다.

- 제임스 L. 겔빈의 《모두가 알아야 할 아랍 봉기》(옥스퍼드대 출판부, 2012년)는 봉기들에 대한 기본적인 개론을 제공한다. 이 주제를 조금 더 깊이 들여다보고 싶은 독자들은 마크 린치의 《아랍 봉기 - 새로운 중동의 끝나지 않은 혁명》(퍼블릭 어페어스, 2013년)이 매우 유용할 것이다. 또 다른 아주 좋은 읽을거리로는 조금 더 활기찬 문체인 로빈 라이트의 《카스바를 흔들어라 - 이슬람 세계를 뒤흔든 분노와 반란》(사이먼 앤 슈스터, 2011년)이 있다.

- 이슬람주의의 도전을 다룬 제2장은 내가 쓴 《정치적 이슬람의 다양한 얼굴 - 무슬림 세계의 종교와 정치》(미시간대 출판부, 2008년)와 결합해서 읽는 것이 좋다. 이 책은 정치적 이슬람이 단일체가 아니며 그 표출 형태들이 맥락에 따라 좌우되는 성격을 가지고 있고, 폭넓고 다양한 이념들

과 전략들을 포용한다고 주장한다. 아랍 세계에서 움직이는 이슬람주의 운동들에 관심이 있는 독자라면 네이든 브라운의 《승리가 선택이 아닐 때 - 아랍 정치의 이슬람주의 운동들》(코넬대 출판부, 2012년)이 유익할 것이다.

- 제3장의 주제였던 이스라엘 - 팔레스타인 분쟁과 특히 최근의 교착상태에 대해서라면, 독자들은 라쉬드 칼리디의 《팔레스타인의 정체성 - 근대적인 국가 의식의 구축》(콜롬비아대 출판부, 2009년)부터 시작해 버지니아 틸리의 《한 국가 해법 - 이스라엘과 팔레스타인의 교착상태에서 평화로의 도약》(미시간대 출판부, 2010년)과 예후다 쉘하브의 《두 국가 해법을 넘어 - 어느 유대인의 정치 에세이》(폴리티, 2012년)로 옮겨가는 편이 좋을 것이다.

- 2011~13년까지 일어난 아랍 봉기들의 맥락에서 본 지역적, 세계적 경쟁 관계들을 다룬 제4장은 현재 진행 중인 사안들을 다루고 있어 지금까지 이 주제를 적절하게 다루는 연구 중에는 책으로 나올 만큼 분량이 되는 것이 없다. 그러나 아주 도움이 될 읽어볼 만한 기사들은 몇 개가 있다. 그중에는 내가 쓴 〈아랍의 봄 - 지리전략적 중요성〉,《중동 정책》, 2012년 가을호, 84쪽~97쪽과 메흐란 캄라바의 〈아랍의 봄과 사우디가 이끄는 반혁명〉,《오르비스》, 2012년 겨울호, 96쪽~104쪽이 있다. 국제위기그룹의 《급변하는 시리아 분쟁》(중동보고서 제143호, 2013년 6월 27일)은 외부 강대국들의 개입까지 포함하여 시리아 내전에 대해 매우 균형 잡힌 시각을 보여준다.

- 데이비드 패트리카라코스의 《핵 이란 - 원자력 국가의 탄생》(I. B. 타우리스, 2012년)은 제5장에서 논의한 이란 핵 프로그램에 대해 풍부한 배경지식을 제공한다. 이란의 핵 열망이 이스라엘의 핵무기 능력과 별개로 이해될 수 없기 때문에, 에브너 코헨의 《누구나 아는 비밀 - 이스라엘

의 핵무기 거래》(콜롬비아대 출판부, 2012년)는 이 주제를 더 깊이 있게 알고 싶은 이라면 누구나 읽어야 할 필독서다. 이스라엘과 이란 간 핵억제력이 중동에 안정을 가져다 줄 것이라는 명확한 주장에 대해서는 케네스 N. 월츠의 〈왜 이란이 폭탄을 가져야 하는가 – 핵 균형이 안정이다〉, 《외교》, 2012년 7~8월호, 2~5쪽을 읽기 바란다. 트리타 파르시의 《단 한 번의 주사위 던지기 – 오바마의 이란 외교》(예일대 출판부, 2012년)는 미국과 이란 관계의 현재 상태를 매우 현명하고 예리하게 분석한다.

- 제6장은 다른 무엇보다 외곽에 존재하는 무장 이슬람주의자들과 주류 입헌주의 이슬람주의자들이 정치적 이슬람의 '정신'을 놓고 벌이는 투쟁을 다룬다. 이런 주제에 관심이 있는 이들이라면 파와즈 게르게스의 《알카에다의 등장과 몰락》(옥스퍼드대 출판부, 2011년)은 필독서다. 이 장에서 분석한 수니파 – 시아파 분쟁의 최근 동정을 더 알고 싶은 독자들은 제네브 앱도의 《새로운 종파주의 – 아랍 봉기와 시아파 – 수니파 분리의 재탄생》(사반중동정책센터, 브루킹스 연구소 분석보고서 제29호, 2013년 4월)에서 유익한 내용들을 많이 찾을 수 있을 것이다. 무슬림형제단이 배출한 무르시 대통령을 축출한 2013년 7월 이집트 군사쿠데타가 남길 장기적인 영향에 대해서는 칼리드 M. 아부 엘 파들의 〈국민 쿠데타'의 위험〉, 《뉴욕 타임즈》, 2013년 7월 7일자를 참조하라.

※ 모든 인터넷 자료는 2015년 8월 17일에 접속하여 확인함.